POLYGLOTT on tour

Zürich

W0109786

Der Autor

Gunnar Habitz

studierte Informatik in Bremen und absolvierte ein Executive MBA in Zürich, wo er seit 1999 bei einem Computerhersteller tätig ist. Ein prägender Nebenjob während des Studiums führte ihn als Reiseleiter in europäische Metropolen mit Schwerpunkt Prag. Seitdem hat er zahlreiche Reiseführer, Hotelführer und Artikel über Tschechien, die Schweiz und den Bodensee veröffentlicht. Für die Reihe Polyglott on tour verfasste er die Titel Prag, Schweiz und Bodensee. www.habitz.ch

Das System der POLYGLOTT Sterne

Auf Ihrer Reise weisen Ihnen die Polyglott-Sterne den Weg zu den bedeutendsten Sehenswürdigkeiten aus Natur und Kultur. Für die Vergabe orientieren sich Autoren und Redaktion am UNESCO-Welterbe.

*** eine Reise wert ** einen Umweg wert * sehr sehenswert

Unsere Preissymbole bedeuten:

Hotel (DZ)		Restaurant (Menü)	
●●●	über 300 CHF	●●●	über 60 CHF
●●	160 bis 300 CHF	●●	30 bis 60 CHF
●	unter 160 CHF	●	unter 30 CHF

POLYGLOTT **Top 12** ....

Reiseplanung ■■■

Land & Leute ■■■

Unterwegs in Zürich ■■■

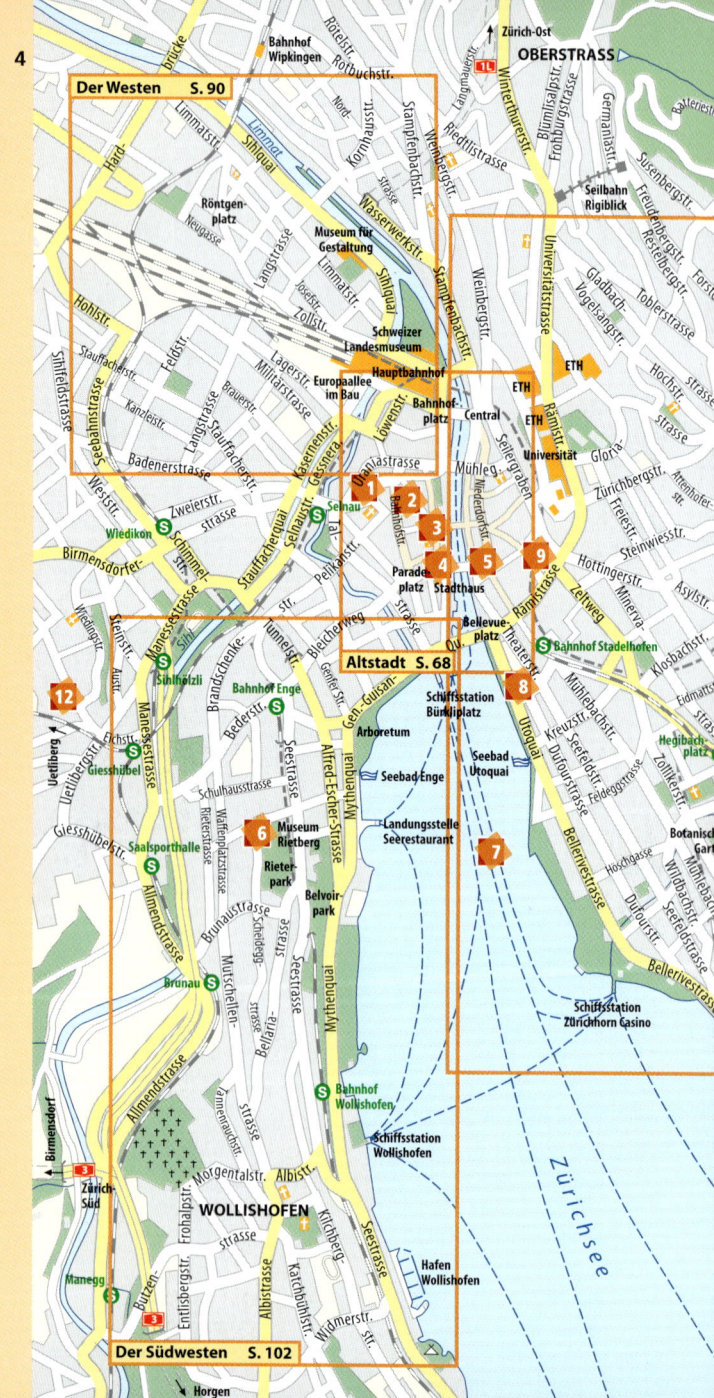

Zeichenerklärung der Karten

6 — Top 12 Tipp

☐ — beschriebenes Stadtviertel (Seite=Kapitelanfang)

32 oder **A** — Sehenswürdigkeiten

– **5** – — Tourenvorschlag in Stadt

━━━ — Autobahn

━━━ — Schnellstraße

━━━ — Hauptstraße

━━━ — sonstige Straßen

━━━ — Fußgängerzone

━━━ — Eisenbahn

━━━ — Staatsgrenze

– – – — Landesgrenze

•–•–• — Nationalparkgrenze

POLYGLOTT **Top 12**

1 **Hiltl**

2 **Bahnhofstrasse**

3 **Lindenhof**

4 **Fraumünster**

5 **Grossmünster**

6 **Museum Rietberg**

7 **Dampferfahrt auf dem Zürichsee**

8 **Opernhaus**

9 **Kunsthaus**

10 **Zoo**

11 **The Dolder Grand**

12 **Uetliberg**

Reiseplanung

Die Stadtviertel im Überblick

Regelmäßig steht die heimliche Hauptstadt der Schweiz an der Spitze der Städte mit dem höchsten Lebensstandard, auch wenn der Wettbewerb mit Genf und Wien recht hart ist. Für Zürich sprechen vor allem das Lebensgefühl dank der Lage am See, die vielfältigen Einkaufs- und Kulturmöglichkeiten, eine hübsche Altstadt, eine abwechslungsreiche Gastronomieszene, der gut abgestimmte öffentliche Nahverkehr, ein hohes Sicherheitsgefühl – und dass irgendwie alles reibungslos abläuft.

Zürich ist mit 390 000 Einwohnern zwar mit Abstand die größte Stadt der Schweiz, die u. a. aufgrund der Personenfreizügigkeit zudem rasant wächst, im internationalen Vergleich allerdings erscheint sie erstaunlich klein. Kein Wunder, dass Zürich Tourismus einst den Slogan »Little Big City« verwendete. Inzwischen wurde daraus »World Class – Swiss Made«, eine Anspielung auf die »Weltklasse« genannten Leichtathletikveranstaltungen, die jedes Jahr im August stattfinden. Und natürlich drückt das Motto auch die schweizerischen Eigenschaften aus, die das multikulturelle Zürich prägen.

Zwei Flüsse durchqueren die Stadt; der bekanntere ist die Limmat, die vom Zürichsee in die Aare bei Brugg fließt. Die kleinere Sihl entspringt am Drusberg im Kanton Schwyz, fließt westlich vom Zürichsee von Süden her in die Stadt und mündet am sogenannten Platzspitz nördlich des Hauptbahnhofs in die Limmat.

Zürich ist in 12 Kreise mit insgesamt 34 Quartieren (Stadtvierteln) eingeteilt. Die **Altstadt,** die auf beiden Seiten der Limmat bis zum Zürichsee reicht, bildet den Kreis 1. Auf der westlichen Seite, die die Quartiere Lindenhof und City umfasst, liegt die berühmte Bahnhofstrasse, eine der bekanntesten Shoppingmeilen der Welt. Der Paradeplatz mit

Die blauen Schilder des Denkmalschutzes

Wer durch die Gassen der Altstadt auf beiden Seiten der Limmat schlendert, bemerkt sicherlich die einheitlich blauen quadratischen Schilder an vielen Fassaden. Sie geben Auskunft über die Häuser, ihre jeweilige Geschichte und Bedeutung. Dazu steht geschrieben, seit wann sie unter Denkmalschutz stehen. Auch wenn in Zürich in den letzten 60 Jahren sehr viele neue Gebäude errichtet wurden, wird dem Denkmalschutz inzwischen ein hoher Stellenwert eingeräumt. Darüber hinaus kümmert sich der Stadtzürcher Heimatschutz (www.heimatschutzstadtzh.ch) aktiv um Schutz, Pflege und Erhaltung der überlieferten Bauweise, der charakteristischen Bauten sowie der Gärten und Parkanlagen unter Einschluss ihrer Umgebung.

seinen Banken ist einer der bedeutendsten Finanzplätze der Welt und unterstreicht Zürichs Ruf als Wirtschaftsmetropole. Auf dem heutigen Lindenhof errichteten die Römer vor 2000 Jahren oberhalb des Flusses die Zollstation Turicum, die der Stadt ihren Namen gab.

Auf der gegenüberliegenden Limmatseite mit den Quartieren Rathaus und Hochschulen erstreckt sich das »Dörfli« genannte Labyrinth kleiner Altstadtgassen im Niederdorf und Oberdorf mit dem Grossmünster. Die Eidgenössische Technische Hochschule (ETH) und die Universität Zürich liegen oberhalb des Dörflis.

Im **Westen** liegt im Kreis 5 das einstige Industriequartier, in dessen Hallen wieder pulsierendes Leben Einzug hält. Mit dem Prime Tower ist hier das größte Gebäude der Schweiz entstanden. Im Kreis 4 (Aussersihl) zwischen Langstrasse und Stauffacher ist eine alternative Kunstszene am Werk, während der **Südwesten** am Zürichsee im Kreis 2 (Enge und Wollishofen) mit seinen Villen und Parks ein ganz anderes, gediegeneres Bild der Stadt zeichnet.

Im **Osten** interessiert zunächst die Ausgehmeile Seefeld (Kreis 8), die sich längs des Zürichsees vom Opernhaus bis zur Kunstmeile am Zürichhorn erstreckt. Nobel sind die Viertel im Kreis 6 (Unterstrass und Oberstrass) und am Zürichberg (Kreis 7), wo auch der Zoo liegt. Mit seiner einzigartigen Lage beeindruckt das Dolder beim Stadtwald, ohnehin das prächtigste Grand Hotel der Stadt. Zürich begeistert gerade hier mit toller Aussicht auf das Häusermeer und den See.

Die schönsten Touren

Tagesbesuch in Zürich

Hauptbahnhof › Bahnhofstrasse › Schipfe › Lindenhof › Paradeplatz › Fraumünster › Bürkliplatz › Zürichhorn › Opernhaus › Bellevue › Kunsthaus › Grossmünster › Neumarkt › Zähringerplatz › Central › Hauptbahnhof

Dauer:
Reine Gehzeit ca. 6 Std., verteilt auf Vor- und Nachmittag.

Verkehrsmittel:
Ausgangs- und Endpunkt sind per S-Bahn oder Zug erreichbar, die Tour selbst wird zu Fuß zurückgelegt.

Wer für Zürich nur einen Tag zur Verfügung hat, kombiniert das We-
sentliche der Stadtviertel-Touren 1, 6 und 2. Der Weg beginnt am
Hauptbahnhof ❯ S. 70 mit der prächtigen **Bahnhofstrasse** ❯ S. 71.
Die Uraniastrasse führt zum Limmatufer entlang der schmalen **Schipfe** ❯ S. 74, im weiteren Verlauf erfolgt der Aufstieg zum **Lindenhof**
❯ S. 74, der einstigen Zollstation der Römer mit Aussicht über das Niederdorf, das von Gottfried Semper gestaltete Gebäude der Eidgenössischen Technischen Hochschule (ETH) und die Universität. Entlang der
Kirche St. Peter ❯ S. 75 mit dem größten Ziffernblatt Europas geht es
durch die pittoreske **Augustinergasse** ❯ S. 75 zum **Paradeplatz** ❯ S. 77,
dem finanziellen Zentrum der Wirtschaftsmetropole. Im **Fraumünster** ❯ S. 76 werden die Fenster von Chagall besichtigt, bevor es am
Bürkliplatz ❯ S. 78 auf eine kurze Fahrt per Ausflugsschiff über den
Zürichsee geht. Beim Ausstieg am **Zürichhorn** ❯ S. 119 ermöglicht die
Flaniermeile direkt am See weitere Erkundungen im Quartier Seefeld,
das bis zum **Opernhaus** ❯ S. 117 am **Bellevue** ❯ S. 115 reicht. Kunstinteressierte besuchen natürlich das **Kunsthaus** ❯ S. 126.

   Am frühen Abend geht es ins »Dörfli«, beginnend mit dem **Grossmünster** ❯ S. 87; bei gutem Wetter lohnen sich die 187 Stufen auf den
Karlsturm für einen Blick auf die Stadt aus der Vogelperspektive. Der
Spaziergang durch das Gassenwirrwarr auf der rechten Limmatseite
führt durch den **Neumarkt** ❯ S. 81 und zum **Zähringerplatz** ❯ S. 81.
Die Niederdorfstrasse führt zum **Central** ❯ S. 80, von wo es nur ein
paar Schritte zurück zum Hauptbahnhof sind.

Verlängertes Wochenende in Zürich

Hauptbahnhof ❯ Bahnhofstrasse ❯ Lindenhof ❯ Paradeplatz ❯
Bürkliplatz ❯ Arboretum ❯ Seebad Enge ❯ Bahnhof Enge
❯ Museum Rietberg ❯ Paradeplatz ❯ Zürich-West ❯ Niederdorf ❯
Hauptbahnhof ❯ Central ❯ Niederdorf ❯ Grossmünster ❯
Limmatquai ❯ Bellevue ❯ Chinagarten ❯ Zürichhorn ❯ Haupt-
bahnhof ❯ Landesmuseum ❯ Central ❯ ETH/Universität ❯ Fluntern
❯ Zoo ❯ Dolder ❯ Hauptbahnhof

Dauer:
Reine Gehzeit ca. 12 Std., verteilt auf drei Tage.

Verkehrsmittel:
Ausgangs- und Endpunkt ist jeweils der Hauptbahnhof, die Tour
selbst wird zu Fuß zurückgelegt, manchmal ergänzt um Fahrten
mit dem Tram (❯ S. 16).

Ein verlängertes Wochenende in Zürich erlaubt eine umfassende Stadtbesichtigung. Auf drei Tage verteilt, bleibt noch genügend Spielraum für die Erkundung der Nebengassen auf eigene Faust, zum Shoppen und zum Verweilen in den empfohlenen Restaurants.

Der Zürcher Hauptbahnhof

Am ersten Tag steht die linke Limmatseite im Fokus, praktisch eine ausgedehnte Tour 1 (❯ S. 70) entlang ***Bahnhofstrasse** ❯ S. 71, ***Schipfe** ❯ S. 74, ***Lindenhof** ❯ S. 74 und der ***Kirche St. Peter** ❯ S. 75 zum **Paradeplatz** ❯ S. 75. Im ****Fraumünster** ❯ S. 76 sollte Sie unbedingt die Fenster von Marc Chagall besichtigen. Ab dem **Bürkliplatz** ❯ S. 78 schließt sich Tour 5 (❯ S. 103) im Südwesten an. Entlang der Quaianlage mit dem **Arboretum** ❯ S. 104 und dem **Seebad Enge** ❯ S. 105 führt der Weg zunächst zum markanten ***Bahnhof Enge** ❯ S. 105 und weiter zum ****Museum Rietberg** ❯ S. 107. Die umfangreiche Sammlung außereuropäischer Kunst, die in mehreren Villen im ausgedehnten Rieterpark präsentiert wird, ist ungemein sehenswert. Die Tramlinie 7 führt zurück zum **Paradeplatz** ❯ S. 75. Hier kann man ausgiebig shoppen oder aber mit den Trams der Linien 2 und 9 einen Abstecher in den Westen zum **Stauffacher** ❯ S. 96 unternehmen, um den Abend im pulsierenden **Langstrassenquartier** ❯ S. 94 oder im angesagten **Zürich-West** ❯ S. 98 zu verbringen.

Der zweite Tag widmet sich dem rechten Limmatufer, praktisch als Verbindung der Touren 2 (❯ S. 80) und 6 (❯ S. 115). Highlight auf der »Dörfli« genannten Seite (Niederdorf und Oberdorf) mit den kleinen Altstadtgassen wie **Spiegelgasse** ❯ S. 83, ***Neumarkt** ❯ S. 81 und ***Rindermarkt** ❯ S. 82 ist das ****Grossmünster** ❯ S. 87 mit einem Aufstieg zum Karlsturm. Das ***Rathaus** ❯ S. 85 und die Zunfthäuser am **Limmatquai** ❯ S. 85 sind nach wie vor aktive Zeitzeugen. Vom **Bellevue** ❯ S. 115, dem südöstlichen Ende der Altstadt, führt die Tour am ****Opernhaus** ❯ S. 117 vorbei zur Kunstmeile am Zürichhorn mit dem ***Chinagarten** ❯ S. 119, den Museen und Skulpturen. Von der **Mühle Tiefenbrunnen** ❯ S. 120 fahren die Tramlinien 2 und 4 zurück zum Bellevue; den Abend lässt man im Niederdorf ausklingen.

Am dritten Tag wird es Zeit für Museen und Aussichtspunkte. Vom Hauptbahnhof lohnt zunächst ein Besuch im dahinter gelegenen ****Landesmuseum** ❯ S. 92, um nach den ersten Tagen in Zürich mehr über die Geschichte der Schweiz zu erfahren. Vom **Central** ❯ S. 80 aus führt die Polybahn zunächst auf die Terrasse vor der *Eidgenössischen Technischen Hochschule (ETH) ❯ S. 122 mit ihrer mächtigen Kuppel. Daneben liegt die *Universität Zürich ❯ S. 123 mit ihren Museen ❯ S. 126: Mit Ausnahme des nur am Mittwoch und Samstag geöffneten Thomas-Mann-Archivs haben sie täglich außer Montag geöffnet und sind zudem noch gratis. Alternativ kann man sich im **Kunsthaus ❯ S. 126 die bedeutenden Kunstsammlungen der Moderne anschauen. Vor der ETH fährt das Tram der Linie 6 zunächst nach Fluntern, ein Fußweg entlang der Hochstrasse führt zur Grossen Kirche Fluntern ❯ S. 128 mit einer tollen Aussicht auf das Häusermeer des Stadtzentrums. Die Linien 5 und 6 klettern im weiteren Verlauf auf den Zürichberg bis zum **Zoo ❯ S. 128, der in zwei Teilen besichtigt werden sollte: zunächst der Zoologische Garten selbst (mit Mittagessen im Restaurant Outpost) und dann die separate Halle des Masoala Regenwalds. Nach einem Spaziergang durch den Stadtwald lohnt ein Nachmittagstee im *Hotel Dolder Grand ❯ S. 130, bevor die Rückfahrt per Dolderbahn zum Römerhof und mit den Tramlinien 3 oder 15 zum Hauptbahnhof angetreten wird.

Stadt und Umgebung in fünf Tagen

Linke Limmatseite ❯ Rechte Limmatseite ❯ Zürichsee ❯ Luzern ❯ Zoo ❯ Dolder

Dauer:
5 Tage.

Verkehrsmittel:
In Zürich weitgehend zu Fuß und mit dem Tram, auf dem Zürichsee per Raddampfer, der Ausflug nach Luzern erfolgt per Bahn oder mit dem Auto.

Stehen fünf Tage für Zürich und Umgebung zur Verfügung, dann ermöglichen Ausflüge auf dem Zürichsee und nach Luzern ein vielfältiges Bild, das die Eindrücke der Limmatmetropole vervollständigt.

Die ersten beiden Tage entsprechen den Altstadttouren 1 (❯ S. 70) und 2 (❯ S. 80), also entlang der linken und rechten Limmatseite. Am dritten Tag können die Eindrücke noch etwas vertieft werden, vor allem steht eine Schifffahrt auf dem Zürichsee ❯ S. 111 auf dem Programm. Die Große Rundfahrt führt von April bis Oktober mehrfach täglich vom Bürkliplatz aus im Zickzackkurs über den See nach *Rapperswil ❯ S. 132, per Raddampfer morgens jedoch nur um 10.30 Uhr. Ein zweibis zu dreistündiger Aufenthalt reicht zum Anschauen der Rosenstadt und zum Mittagessen in einem der zahlreichen Restaurants am Fischmarktplatz. Auf der Rückreise lohnt sich ein weiterer Halt im vornehmen **Küsnacht ›** S. 112, dem Wohnort vieler Prominenter.

Am vierten Tag geht es in die Zentralschweiz nach ****Luzern ›** S. 134 am Vierwaldstättersee. Ein absolutes Muss ist ein Spaziergang über die Kapellbrücke und durch die schmucke Altstadt mit ihren geschmückten Fassaden sowie entlang der Promenade. Beim Löwenplatz lohnt ein Besuch des Gletschergartens, des Bourbaki-Panoramas und des Löwendenkmals. Danach sollte die Zeit noch für einen Ausflug zum interessanten Verkehrshaus mit seinem IMAX-Kino reichen, bevor die Rückreise nach Zürich angetreten wird. Bei schönem Wetter kann die Stadtbesichtigung verkürzt und ein Ausflug auf dem Vierwaldstättersee eingefügt werden.

Am fünften Tag bietet sich in Zürich die Fahrt auf den Zürichberg zum ****Zoo ›** S. 128 mit seinem beeindruckenden **Masoala Regenwald** an und anschließend ein Spaziergang zum ***Dolder Grand ›** S. 130 am Stadtwald, um eine Tasse Tee in edler Umgebung und bei großartiger Aussicht zu genießen. Alternativ kann der Zürcher Hausberg **Uetliberg ›** S. 132 mit Aussicht über den ganzen Zürichsee besucht werden.

Touren und Ausflüge

Touren in der Stadt	Stadtviertel	Dauer	Seite
Entlang der Bahnhofstrasse	Altstadt	4–5 Std.	70
Niederdorf und Oberdorf	Altstadt	3–4 Std.	80
Langstrasse und Stauffacher	Westen	3–4 Std.	92
Das neue Zürich-West	Westen	3–4 Std.	98
Von Enge bis Wollishofen	Südwesten	4–5 Std.	103
Durch das Seefeld zum Zürichhorn	Osten	3–4 Std.	115
Von den Hochschulen zum Zoo	Osten	4–5 Std.	122
Ausflug	**Lage**	**Dauer**	**Seite**
Uetliberg	10 km südwestl.	4–5 Std.	132
Rapperswil	36 km östl.	4–5 Std.	132
Baden	25 km westl.	5–6 Std.	134
Luzern	55 km südwestl.	1 Tag	134
Winterthur	25 km nordöstl.	1 Tag	136
Schaffhausen mit Rheinfall	52 km nördl.	5–6 Std.	137

Klima und Reisezeit

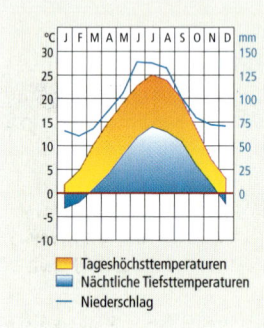

Tageshöchsttemperaturen
Nächtliche Tiefsttemperaturen
Niederschlag

Entscheidenden Einfluss auf das Klima der Schweiz üben die Alpen in ihrer Funktion als europäische Wetterscheide aus. In der Nordschweiz bestimmt außerdem der Atlantik das Wetter. Insgesamt ist das Klima in Zürich weniger warm und mild als in Basel oder Bern, doch immerhin werden hier durchschnittlich 3500 Sonnenstunden jährlich gezählt.

Frühjahr und Herbst eignen sich ideal für einen Städtetrip nach Zürich. Ab April stellen die Wirte die Bänke raus, der September bietet vielleicht die besten Bedingungen. Im Sommer ist es mit häufig deutlich über 25 °C recht heiß für eine Stadt, was die Besucher der Street Parade (› S. 64) im August schon häufig am eigenen Leib zu spüren bekamen. Die Vorweihnachtszeit ist von Shoppingerlebnissen in der Altstadt geprägt, häufig mit gezuckertem Schnee. Im Januar und Februar ist Zürich ein geeigneter Ausgangspunkt für Wintersporterlebnisse in den nahe gelegenen Skigebieten.

Die mittleren täglichen Maximaltemperaturen betragen 2 °C im Januar und 22 °C im August, die mittleren täglichen Minimaltemperaturen –3 °C im Januar und 12 °C im August. Im Juni und August fällt statistisch der meiste Niederschlag.

Reisezeit

Reisezeit ist eigentlich das ganze Jahr über. Am angenehmsten sind die Frühlingsmonate, wenn der Lindenhof und die Hausberge ergrünt sind sowie die Gärten und Parks, wie etwa beim Rietbergmuseum, ihre volle Blütenpracht zeigen.

Beim Sechsläutenfest (› S. 117), am Nationalfeiertag zum 1. August und erst recht zur Street Parade im August (› S. 64) platzt die Stadt aus allen Nähten. Glücklicherweise sind Massentouristen in Zürich selbst zu Ostern, Himmelfahrt (»Auffahrt«) und Pfingsten weniger auffallend als in anderen europäischen Metropolen.

Die milde Septembersonne beschert Zürich einen herrlichen und meist sehr angenehmen Spätsommer, der bis Mitte Oktober reicht. An den nebligen Novembertagen mag das melancholische Zwielicht wenig einladend wirken, umso mehr Zeit bleibt für Museen und Nachtleben.

Der Winterschnee verleiht den Dächern des Altstadtmeeres einen besonderen Zauber, zumal bei freier Sicht auf die Alpen. Bei jedem Wetter begrüßt in der Adventszeit der **größte überdachte Weihnachtsmarkt Europas** seine Besucher im Hauptbahnhof.

Anreise

Mit dem Auto

Zürich ist über die gebührenpflichtigen, gut ausgebauten Schweizer Autobahnen von allen Richtungen leicht zu erreichen; die Jahresvignette (nur ganzjährig gültig!) für 40 CHF ist an Grenzübergängen, Tankstellen und an Poststellen erhältlich.

Die Höchstgeschwindigkeit in geschlossenen Ortschaften beträgt 50 km/h, außerorts 80 km/h und auf Autobahnen 120 km/h. Vielfach wird im Zürcher Stadtgebiet und auf den Autobahnen geblitzt. Der zulässige Alkoholgrenzwert beträgt 0,5 Promille.

Polizei: Tel. 117. Bei Autopannen hilft der Touring-Club der Schweiz (TCS), Tel. 140.

Mit dem Flugzeug

Der internationale Flughafen Zürich-Kloten liegt 13 km nördlich der Stadt und zählt seit Jahren gemäß Umfragen unter Geschäftsleuten zu den besten Flughäfen Europas. Beliebt ist vor allem das Shoppingzentrum »Airside Center« zwischen den Gates. Praktisch: der Flughafen

Achtung beim »Parkieren«

Außerhalb der Schweiz gilt: Wo es nicht ausdrücklich verboten ist, da kann man parken. In der Schweiz gilt: Nur wo es ausdrücklich erlaubt ist, darf man parkieren. Die Unkenntnis dieses Unterschieds kann schnell mit einer Buße ab 40 CHF geahndet werden.

Die weißen Zonen sind häufig mit Nummern versehen und gehören zu den Parkuhren, die nur mit jeweils korrekt gewählten Münzen gefüllt werden können. Die blauen Zonen sind den Anwohnern mit speziellem Jahresausweis vorbehalten, jedoch kann man hier mit der Parkscheibe für eine Stunde stehen bzw. die ganze Nacht über.

Wer auf Nummer sicher gehen möchte, fährt ins Parkhaus. Das Parkleitsystem der Stadt zeigt die aktuell freien Plätze an wichtigen Verkehrsknotenpunkten an. Empfehlenswert sind das City Parking an der Gessnerallee sowie das Parkhaus Urania an der gleichnamigen Straße.

liegt auf der Bahnstrecke zwischen Zürich und Winterthur, außerdem wird er von der S-Bahn und dem Tram 10 ab Hauptbahnhof erschlossen. Eine Taxifahrt ins Zentrum kostet etwa 60 CHF. Wer sonntags einkaufen möchte, findet im »Airport Center« 80 täglich geöffnete Geschäfte.

Mit dem Zug

Der Hauptbahnhof Zürich ist der Dreh- und Angelpunkt des schweizerischen Bahnverkehrs mit derzeit 26 Gleisen. Aus allen Nachbarländern ist Zürich gut erreichbar, aus Deutschland kommen ICE-Verbindungen aus Frankfurt, Stuttgart und München, aus Wien der Railjet. Auch über Nacht kann man Zürich dank City Night Line und EuroNight sozusagen im Schlaf erreichen.

Mit dem Bus

Der Busbahnhof Sihlquai liegt hinter dem Hauptbahnhof und verbindet Zürich per Bus mit den Nachbarländern. Aus Richtung Osteuropa treffen täglich gut gefüllte Reisebusse als alternative Reisemöglichkeiten zu Zug und Flug ein. Auf Schweizerdeutsch wird der Reisebus wie in Frankreich als »Car« bezeichnet.

Stadtverkehr

Öffentliche Verkehrsmittel

Die Verkehrsbetriebe Zürich (VBZ) stellen die meisten Beförderungsmöglichkeiten des Öffentlichen Verkehrs (ÖV). Über eine U-Bahn verfügt Zürich nicht, stattdessen sorgen vor allem die blauen Straßenbahnen für zuverlässigen Personentransport. Das Tram (in der Schweiz ist der sächliche Artikel gebräuchlich) ist das Rückgrat des Zürcher Stadtverkehrs. Schon von Weitem ist die richtige Bahn anhand der verschiedenfarbigen Liniennummer zu erkennen. Neben den alten eckigen Waggons aus den 1970er-Jahren basiert das Netz auf der »Cobra« genannten Niederflurbahn mit mehreren Gelenken. Darüber hinaus fahren Omnibusse und Oberleitungsbusse (»Trolleybus«).

Tickets werden nicht im Bus oder Tram gekauft, sondern an den Automaten an jeder Station, zumeist ist dafür Kleingeld (»Münz«) erforderlich. Die Kurzstrecke kostet derzeit 2,60 CHF, eine einstündige Fahrt mit Umsteigen 4,10 CHF. Statt zwei Tickets am Tag zu verwenden, lohnt sich die 24 Stunden gültige Tageskarte für 8,20 CHF. Für Fahrten außerhalb der Zone 10 (Innenstadt) wird der Zielort am Automaten per Postleitzahl eingegeben.

Durch Mehrfahrtenkarten mit 6 Einzelbilletts zu 22,20 CHF und Tageswahlkarten für 6 Tage pro Karte für 44,40 CHF kann bei längeren Aufenthalten gespart werden. Eigentümer des sogenannten Halbtaxabos der SBB (entspricht der deutschen BahnCard) zahlen nur 50 % für Bahnstrecken und im Stadtgebiet den ermäßigten Tarif für Kinder. Das Nachtnetz am Freitag und Samstag verfügt über 14 Nachtbuslinien, die alle halbe Stunde verkehren und einen Zuschlag erfordern. Übrigens können auch die Fernzüge mit den Tickets des ÖV benutzt werden, etwa zwischen Hauptbahnhof zum Flughafen.

Die roten Wagen der Polybahn verbinden die ETH mit dem Central

Das Netz des Zürcher Verkehrsverbunds ZVV (www.zvv.ch) gilt jenseits der Stadtgrenzen rund um den Zürichsee und bis nach Winterthur und ermöglicht nach dem beworbenen Motto »Ein Ticket für alles« die Verwendung der Billets ebenso für die anderen Verkehrsmittel wie Schiffe und Seilbahnen.

Für Fans historischer Trams empfiehlt sich eine **Nostalgiefahrt mit den historischen Waggons** auf den Linien 6 und 11, die der Verein »Aktion Pro Sächsitram« regelmäßig an vielen Wochenenden im Jahr auf mehreren Linien anbietet (www.6-tram.ch).

Zu den öffentlichen Verkehrsmitteln gehören auch die vier Bergbahnen auf dem Stadtgebiet: die Polybahn vom Central zur ETH, die Seilbahn Rigiblick auf den Zürichberg, die Dolderbahn zum gleichnamigen Hotel sowie die S-Bahn S 10 auf den Uetliberg.

Schiffsverkehr

Die zum Zürcher Verkehrsverbund gehörende Zürichsee-Schiffahrtsgesellschaft (ZSG) führt mit ihren beiden Raddampfern und 15 weiteren Schiffen klassische Rundfahrten zu Orten am Zürichsee wie Rapperswil durch. Hinzu kommen themenbezogene Ausflugsfahrten, vom Casino-Schiff bis zum Schnitzel-Schiff (www.zsg.ch, › S. 111).

Die Tickets des Verkehrsverbunds sind in der jeweiligen Zone gültig, sodass einige Bewohner mit regelmäßigen Strecken die Schiffe wie einen Linienverkehr verwenden. Die drei Limmatboote, die auf dem Fluss bis zum Landesmuseum fahren, sind so flach, dass sie die Limmatbrücken auch bei hohem Pegelstand passieren können.

Taxi

Taxifahrten in Zürich sind im Vergleich zu anderen Metropolen Europas relativ teuer. Die Wagen sind nicht einheitlich gefärbt, am Schild auf dem Dach jedoch leicht zu erkennen. Die meisten Taxifahrer nehmen auch Kreditkarten, ihre Taxameter sind häufig modern im Rückspiegel integriert. Die Rufnummern der zwei bekanntesten Taxizentralen lassen sich gut merken: 044 444 44 44 und 044 777 77 77.

Mietwagen

Am Zürcher Flughafen und an anderen Standorten sind die üblichen Autovermieter zu finden, ergänzt um wenige Lokalanbieter. Viele Schweizer besitzen kein eigenes Auto, sondern nutzen stattdessen die Car-Sharing-Genossenschaft »Mobility« (www.mobility.ch).

Fahrrad

Zürich ist Mitglied im Verbund »Schweiz rollt«, der Einwohnern und Besuchern gratis Fahrräder (Velos) zur Benutzung ausleiht. Ein Pfand von 20 CHF muss hinterlegt werden. Ausleihstationen in Zürich sind z. B. am Landesmuseum oder an der Sihlpost (www.zürirollt.ch).

Stadtrundgänge und Besichtigungen

Zürich Tourismus bietet verschiedene Stadtführungen an, viele davon zu Fuß. Neben dem klassischen Altstadtbummel (Treffpunkt Tourist Service im Hauptbahnhof) tgl. um 15 Uhr (am Wochenende auch um 11 Uhr) gibt es Themenrundgänge und Führungen durch andere Viertel. Zürich aus einem anderen Blickwinkel sieht man bei den »Circle Tour« genannten Bootsfahrten vom Anleger Bürkliplatz über den See und die Limmat. Dazu kommen Stadtrundfahrten mit dem Trolleybus ab Sihlquai, geführte Erkundungen auf dem Segway, gemeinsames Jogging u. v. m. (Tel. 044 215 40 00, www.zuerich.com).

Rundgänge zu diversen Themen bieten auch die **Vereinigung Stattreisen** (www.stattreisen.ch) und der Verein **Frauenstadtrundgänge** (www.frauenstadtrund gangzuerich.ch), auf dessen Führungen auch Männer willkommen sind.

Erleben und sparen mit der ZürichCARD

Zürich Tourismus eröffnet mit dieser Karte eine praktische Möglichkeit, viel Genuss für wenig Geld zu bekommen. Freier Eintritt gilt beim Öffentlichen Verkehr und in allen Zürcher Museen. Außerdem gewähren einige Restaurants und Geschäfte Rabatte und Überraschungen. Die Karte ist in zwei Varianten zu 24 Stunden für 20 CHF sowie zu 72 Stunden für 40 CHF bei Zürich Tourismus im Hauptbahnhof erhältlich (Tel. 044 215 40 00, www.zuerich.com).

Mit Kindern in der Stadt

Familien mit Kindern wird in Zürich und Umgebung eine Menge geboten, egal, ob man es ruhig angehen lassen will oder eher Action und Fun im Vordergrund stehen.

Erleben

■ **Dolder Kunsteisbahn**
Adlisbergstr. 36][Fluntern (Kreis 7)
Tel. 044 267 70 80
www.doldersports.ch
Okt.–März Mo–Sa 9–22.30,
So 9–17.45 Uhr
Mit 6000 m² Europas größte offene Kunsteisfläche. Samstags wird Schlittschuhlaufen mit einer Schlittschuhdisco kombiniert. Dolder Sports betreibt auch den Minigolfplatz neben dem Dolder Bad.
■ **Zoo Zürich**
Zürichbergstr. 221
Fluntern (Kreis 7)
Tel. 0848 966 983][www.zoo.ch
März–Okt. tgl. 9–18 Uhr, Nov.–Febr.
9–17 Uhr

Besonders seit der Eröffnung der Ökosystemhalle Masoala mit 10 000 m² madagassischem Regenwald und entsprechender Tierwelt lohnt sich der Besuch des Zürcher Zoos.
■ **Kart-Bahn Rümlang**
Oberglatterstr. 13][8153 Rümlang
Tel. 044 818 03 01
www.kartbahn.ch
Mo–Do 14–23, Fr 14–24, Sa 10–24,
So 10–22 Uhr
Die 350 m lange Kart-Bahn in der Nähe des Flughafens bietet Spaß für Groß und Klein.

Anschauen
■ **NONAM**
Seefeldstr. 317
Mühlebach (Kreis 8)
Tel. 043 499 254 40]
www.nonam.ch
Di–Fr 13–17, Sa/So 10–17 Uhr
Das Nordamerika Native Museum vermittelt die kulturelle Vielfalt von Indianern und Inuit-Kulturen anhand höchst

interessanter, lebendig in Szene gesetzter Exponate. Eindrucksvoll bringt der Klangraum die Besucher mit dem Sound des Polarkreises in Verbindung. So um 12 Uhr Familienführungen.

■ **Sauriermuseum Aathal**
Zürichstr. 69
8607 Aathal
Tel. 044 932 14 18
www.sauriermuseum.ch
Di–Sa 10–17, So 10–18 Uhr
Das 1993 eröffnete Sauriermuseum liegt etwa eine halbe Stunde von der Stadt entfernt im Zürcher Oberland. Neugierige können das Reich der Dinosaurier anhand von Filmen und spielerischen Aktivitäten nacherleben und in längst vergangene Welten eintauchen.

Baden
Zürich bietet mit rund 40 Badeanlagen die höchste Bäderdichte der Welt. Gleich mehrere Bäder liegen direkt am Zürichsee, etwa das **Seebad Utoquai** (❯ S. 117) auf der rechten sowie das **Seebad Enge** (❯ S. 105) und das **Strandbad Mythenquai** (❯ S. 109) auf der linken Seeseite. Ein Kinderparadies ist auch das **Strandbad Tiefenbrunnen** (❯ S. 120) am südöstlichen Ufer des Sees kurz vor der Stadtgrenze.

■ **Alpamare**
Gwattstr. 12
8808 Pfäffikon
www.alpamare.ch
Mo–Do 10–22, Fr/Sa 10–23,
So 10–21 Uhr
Die 1500 m langen Rutschbahnen im Badeparadies Alpamare am Zürichsee stehen im Guinness Buch der Rekorde. Fast eine halbe Million Menschen pilgert jährlich in den Mega-Wasserpark.

■ **Milandia**
Im Grossriet 1][**8606 Greifensee**
Tel. 044 905 66 66
www.milandia.ch
Mo–Fr 8–20, Sa/So 9–19 Uhr
Der kinderfreundliche Migros Sport- und Erlebnispark im historischen Städtchen Greifensee, 12 km östlich von Zürich, erfreut mit einer Vielzahl an Erholungs- und Sportmöglichkeiten. Der Greifensee lädt überdies zu Spaziergängen und zum Inlineskaten ein.

Einkaufen
■ **Franz Carl Weber**
Bahnhofstr. 62][**Lindenhof (Kreis 1)**
Tel. 044 225 78 78][**www.fcw.ch**
Mo–Mi 9–18.30, Do–Fr 9–20,
Sa 9–18 Uhr
Das klassische Spielwarengeschäft mit dem modernen Leitbild »Kids Town« verbindet ein breites Sortiment mit einem eigenen Buchladen von Orell Füssli und einer Pizzeria.

■ **Pastorini**
Am Weinplatz 3][**Lindenhof (Kreis 1)**
Tel. 044 824 33 44
www.pastorini.ch
Mo 13.30–18.30, Di–Fr 9.30–18.30,
Sa 9.30–17 Uhr
Spielzeug vor allem aus Holz und natürlichen Materialien anstatt der üblichen Erlebniswelt aus Plastik.

■ **Pegasus**
Augustinergasse 16
Lindenhof (Kreis 1)
Tel. 044 212 46 26
www.pegasus-zuerich.ch
Mo–Fr 10–18.30, Sa 10–17 Uhr
Die außergewöhnliche Geschenkboutique verkauft das ganze Jahr über Weihnachtsschmuck, ein separater Raum ist für Stofftiere der Marke Steiff reserviert.

Unterkunft

Zürich bietet seinen Besuchern ein breites Angebot an Hotels, deren Vielfalt überwiegend mit der Rolle der Stadt als Wirtschaftsmetropole zusammenhängt. Die Luxushotels wie The Dolder Grand und Baur au Lac sind führend innerhalb der Schweizer Städte, die First-Class-Hotels können sich ebenfalls sehen lassen.

Zürich gilt zwar auch als Studentenstadt, preisgünstige Unterkünfte (unter 60 CHF pro Bett) sind aber recht dünn gesät. Die hier genannten Häuser liegen in der Altstadt oder in den angrenzenden Quartieren.

Die dem Schweizer Hotelier-Verein (SHV) angeschlossenen Betriebe sind in fünf Kategorien eingeteilt und entsprechend mit einem bis fünf Sternen klassifiziert (www.hotelleriesuisse.ch). In den Übernachtungspreisen pro Zimmer sind normalerweise Frühstück, Bedienung und Taxen enthalten.

Einen guten Überblick über das Angebot mit praktischer Onlinebuchung auf ihren Internetauftritten liefern **Zürich Tourismus** (www.zuerich.com) und die **Hotellerie Suisse** (www.swisshotels.com). Schnäppchen finden sich auch auf **www.hrs.de**, der beliebtesten deutschen Webseite für Hotelbuchungen.

Schweiz Tourismus (❯ S. 140) und viele Reisebüros bieten Pauschalarrangements an.

Luxushotels

■ **The Dolder Grand**
Kurhausstr. 65][Hottingen (Kreis 7)
Tel. 044 456 60 00
www.thedoldergrand.com
❯ S. 130. ●●●

■ **Baur au Lac**
Talstr. 1][City (Kreis 1)
Tel. 044 220 50 20
www.bauraulac.ch

Hotels mit Flair

■ Das vornehme Hotel **Baur au Lac** blickt majestätisch auf den Zürichsee und die Alpen. ❯ S. 21

■ Das **Widder** besteht aus zusammengefügten historischen Häusern im Rennwegquartier. ❯ S. 22

■ Das Romantikhotel **Florhof** liegt in einem gediegenen Patrizierhaus unterhalb der Universität. ❯ S. 22

■ Im historischen **Kindli** verbreitet die Einrichtung von Laura Ashley ein liebevolles Flair. ❯ S. 23

■ Nicht nur Frauen sind vom Boutique Design des **Lady's First** begeistert. ❯ S. 23

■ Der **Platzhirsch** im Niederdorf vereint moderne Zimmer mit dem Wohlfühlcharakter alter Mauern. ❯ S. 24

■ Recht speziell sind die fünf ungewöhnlich gestalteten Zimmer im **Kafischnaps** in den Farben von Schnapssorten. ❯ S. 24

■ **The Dolder Grand** gilt als Topadresse hoch oberhalb von Zürich mit der besten Aussicht und einem riesigen Spa. ❯ S. 130

Etwas versteckt nahe der Universität liegt das Hotel Florhof

Echt gut! In einer **Toplage zwischen Paradeplatz und See** liegt das 1844 erbaute Traditionshaus mit Sommergarten, eigenem Park und Wellnessareal. ●●●

■ Widder
Rennweg 7][Lindenhof (Kreis 1)
Tel. 044 224 25 26
www.widderhotel.ch
Das Rennwegquartier ist von vielen historischen Wohnhäusern geprägt. Neun davon wurden zum Hotel Widder zusammengefügt; die 42 Zimmer sind **Echt gut!** individuell mit **Möbeln bekannter Architekten wie Le Corbusier und Adolf Loos** eingerichtet. Einheimische schätzen v. a. die Widder Bar. ●●●

■ Eden au Lac
Utoquai 45][Seefeld (Kreis 8)
Tel. 044 266 25 25
www.edenaulac.ch
Das 1909 erbaute Luxushotel direkt am Zürichsee hinter dem Opernhaus ist stolzes Mitglied der »Small Luxury Hotels of the World«. Das Restaurant Eden wurde mit 15 Gault-Millau-Punkten prämiert; donnerstags gibt es Jazz in der Eden Bar. ●●●

■ Savoy Baur en Ville
Paradeplatz][Lindenhof (Kreis 1)
Tel. 044 215 25 25
www.savoy-baurenville.ch
Das älteste der Zürcher Grand Hotels in markanter Lage direkt am Paradeplatz ist ideal für Geschäftsreisende und Konferenzen. Vornehme Zimmer, eigene Restaurants und persönlicher Service. ●●●

First-Class-Hotels

■ Claridge
Steinwiesstr. 8–10
Hottingen (Kreis 7)
Tel. 044 267 87 87
www.claridge.ch
Hinter dem Schauspielhaus gelegenes vornehmes Haus mit antik eingerichteten Zimmern und mehreren Restaurants, darunter ein gemütliches Lokal mit bayerischer Küche. ●●—●●●

■ Florhof
Florhofgasse 4
Hochschulen (Kreis 1)
Tel. 044 250 26 26
www.florhof.ch

Unterhalb der Universität in einem einstigen Patrizierhaus gelegenes **Romantikhotel mit historischem Flair.** Feinschmecker schlemmen im eigenen Gourmetrestaurant. ●●●

■ **Glockenhof**

Sihlstr. 31][City (Kreis 1)

Tel. 044 225 91 91

www.glockenhof.ch

Hundertjähriges Haus gegenüber dem vegetarischen Restaurant Hiltl mit 91 Designerzimmern in behutsamem Kontrast zum historischen Ambiente. ●●●

■ **Kindli**

Pfalzgasse 1

Lindenhof (Kreis 1)

Tel. 043 888 76 76

www.kindli.ch

Wo einst die Pilger in Zürichs vornehmster christlicher Herberge einkehrten, fühlen sich die heutigen Reisegäste in einer Umgebung von Laura Ashley und **handgefertigten schwedischen Betten von Hästens** pudelwohl. ●●●

■ **Zürichberg**

Orellistr. 21][Fluntern (Kreis 7)

Tel. 044 268 35 35

www.zuerichberg.ch

Auf dem gleichnamigen Berg neben dem Zoo inmitten von Wäldern und Wiesen thront das Hotel mit zwei verschiedenen Bereichen: ein Jugendstilgebäude und ein kreisförmiges Designhotel. ●●●

■ **Ambassador**

Falkenstr. 6

Seefeld (Kreis 8)

Tel. 044 258 98 98

www.ambassadorhotel.ch

Hinter dem Opernhaus gelegenes Boutiquehotel mit klassischer Fassade, surrealistisch barockem Gourmetrestaurant und Business Center. ●●—●●●

■ **Greulich**

Herman-Greulich-Str. 56

Aussersihl (Kreis 4)

Tel. 043 243 42 43

www.greulich.ch

Eine doppelt geschwungene Fassade in Dunkelblau ist das äußere Erscheinungsbild des Designhotels mit hellen Zimmern im Haupthaus oder im Gartenpavillon. ●●

■ **Lady's First**

Mainaustr. 24][Seefeld (Kreis 8)

Tel. 044 380 80 10

www.ladysfirst.ch

Das Boutique-Design-Hotel steht nicht nur der selbstbewussten Frau, sondern auch dem modernen Mann offen. Das Konzept vereint ein **historisches Haus mit behutsam modernen Elementen** in kraftvoller Farbensprache. ●●

■ **Renaissance Zürich Tower**

Turbinenstr. 20

Industriequartier (Kreis 5)

Tel. 044 630 30 30

www.renaissancehotels.com

Neues hypermodernes Hotel im urbanen Zürich-West mit individuell gestalteten Zimmern, gutem Steakhaus und eigenem Spa. ●●

■ **Townhouse**

Schützengasse 7

Lindenhof (Kreis 1)

Tel. 044 200 95 95

www.townhouse.ch

Charmantes Boutiquehotel in der Nähe des Hauptbahnhofs mit 21 Zimmern in modernem englischen Stil mit gemütlichen Betten. ●●

Mittelklassehotels

■ **Altstadt**

Kirchgasse 4][Rathaus (Kreis 1)

Tel. 044 250 53 53

www.hotel-altstadt.ch

Der Name ist Programm: mitten im
Niederdorf gelegenes Hotel mit char-
manter Ausstrahlung. Die Zimmer
gestaltete Maler H. C. Jenssen mit den
geschriebenen Worten diverser Schriftsteller. ●●

■ **Bristol**
Stampfenbachstr. 34
Unterstrass (Kreis 6)
Tel. 044 258 44 44
www.hotelbristol.ch
Schmuckes Stadthotel im neoklassizis-
tischen Haus oberhalb von Landes-
museum und Hauptbahnhof in ruhiger
Lage. ●●

■ **Helvetia**
Stauffacherquai 1
Aussersihl (Kreis 4)
Tel. 044 297 99 99
www.hotel-helvetia.ch
Familiär geführtes schmuckes Boutiquehotel beim Stauffacher mit holz-
vertäfeltem Feinschmeckerrestaurant
in der ersten Etage. ●●

■ **Hirschen**
Niederdorfstr. 13
Rathaus (Kreis 1)
Tel. 043 268 33 33
www.hirschen-zuerich.ch
Kleines Hotel direkt im Niederdorf in
drei Gebäuden aus dem 14. Jh. Eigene
Weinschenke im Kellergewölbe. ●●

■ **Platzhirsch**
Spitalgasse 3][Rathaus (Kreis 1)
Tel. 044 250 70 80
www.hotelplatzhirsch.ch
Stylistisch gestaltete Zimmer in Erd-
tönen mit **Wohlfühlcharakter hinter**
historischer Fassade zu fairen Preisen
direkt im Niederdorf. ●● **Echt gut!**

■ **Zürcherhof**
Zähringerstr. 21][Rathaus (Kreis 1)
Tel. 044 269 44 44
www.hotelzuercherhof.ch

Solides Hotel für Touristen und Geschäftsreisende in einer ruhigeren Ecke
des Niederdorfs mit bekanntem Restaurant »Walliser Keller«. ●●

Günstige Hotels

■ **St. Joseph**
Hirschengraben 64
Hochschulen (Kreis 1)
Tel. 044 250 57 57
www.st-josef.ch
Charmantes Hotel am Rand des
Niederdorfs unterhalb der ETH mit
günstigen Zimmern. ●—●●

■ **Chreis 4 Hotels**
Anwandstr. 10][Aussersihl (Kreis 4)
Tel. 043 336 37 00
www.chreis-4-hotels.ch
Inmitten des pulsierenden Lang-
strassenquartiers gelegenes charmantes Stadthotel. ●

■ **Kafischnaps**
Kornhausstr. 57
Wipkingen (Kreis 10)
Tel. 043 538 81 16
www.kafischnaps.ch
Die fünf Gästezimmer des Kaffeehau-
ses im Bed&Breakfast-Stil **richteten**
Zürcher Designer nach fünf Schnaps-
früchten ein: Zwätschgge, Williams,
Quitte, Pflümli und Kirsch. ●

■ **Splendid**
Rosengasse 5
Rathaus (Kreis 1)
Tel. 044 262 61 40
www.hotelsplendid.ch
Günstiges Familienhotel mit 43 Betten
inmitten des Niederdorfs mit einfachen Räumen zu günstigen Zimmer-
preisen. ●

■ **St-Georges**
Weberstr. 11][Aussersihl (Kreis 4)
Tel. 044 241 11 42
www.hotel-st-georges.ch

Sympathisches Hotel in einem Eckhaus nahe Stauffacher mit familiärer Atmosphäre. ●

■ **Zic Zac Rock-Hotel**
Marktgasse 17
Rathaus (Kreis 1)
Tel. 044 261 21 81
www.rockhotel.ch
Ein Haus für Junge und Junggebliebene, dessen Zimmer verschiedenen Rockstars gewidmet sind. Amerikanische Küche bis in die Nacht in der eigenen Kneipe »Dörfli«. ●

■ **Zum Guten Glück**
Stationsstr. 7
Wiedikon (Kreis 3)
Tel. 043 540 72 99
www.zumgutenglueck.ch
Pension mit zehn Zimmern in verschiedenen Größen und eigenem Café-Restaurant. ●

Hostels

■ **Biber**
Niederdorfstr. 5][Rathaus (Kreis 1)
Tel. 044 251 90 15
www.city-backpacker.ch
Rucksacktouristen und junge Reisende sind die Zielgruppe des Biber mit einem Angebot vom Schlafsaal bis zum Einzelzimmer, jedoch nur mit Etagendusche. ●

■ **Jugendherberge Zürich**
Mutschellenstr. 114
Wollishofen (Kreis 2)
Tel. 043 399 78 00
www.youthhostel.ch/zuerich
Die Zürcher Jugendherberge mit 290 Betten steht Gästen jeden Alters offen, auch ohne Mitgliedsausweis. Die Unterkunft erfolgt überwiegend in Mehrbettzimmern sowie in einigen Einzel- und Doppelzimmern.

Essen und Trinken

Restaurants

Schweizer Köche sind in internationalen Gourmetkreisen zu höchsten Ehren gelangt, aber auch zu Hause weiß man lukullische Freuden zu schätzen. Von den Zürchern wird behauptet, ihre liebste Freizeitbeschäftigung sei das Essengehen – und wenn man die stets gefüllten Restaurants in der Limmatstadt zählt, ist man durchaus geneigt, dem Glauben zu schenken.

Als ausgesprochenes Ausgehviertel gelten Niederdorf, Seefeld sowie das Langstrassenquartier. Auswärts gut zu speisen ist in Zürich nicht gerade billig, die Mischung aus Schweizer und französischer Cuisine verheißt aber außergewöhnliche Gourmeterlebnisse. Einige Restaurants erzielen Spitzenränge bei Michelin, Gault Millau & Co.

Während man in Deutschland häufig ausländische Lokale besucht und die eigenen fast schon meidet, ist in Zürich die Quartierbeiz (Kneipe) oder ein Restaurant mit Schweizer Küche häufig der erste Weg. Durch den multikulturellen Hintergrund weist die Gastronomieszene Zürichs aber viele Facetten auf.

Zürcher Geschnetzeltes

Speisen

Die Limmatstadt hat das weithin geschätzte **Zürcher Geschnetzelte** als Beitrag für die Speisekarte der Welt erschaffen: dünne Kalbfleischscheiben in einer feinen Champignon-Rahm-Sauce, serviert mit **Rösti** aus fein geriebenen Kartoffeln. Der **Zürcher Ratsherrentopf** mit seiner bunten Fleisch- und Gemüsemischung ist weniger häufig zu finden, das gilt auch für **Kutteln,** eine weitere Spezialität.

Natürlich kommen viele Gerichte aus anderen Gebieten der Schweiz auch in Zürich auf den Tisch, darunter die gehaltvolle **Bündner Gerstensuppe** oder die aus dem Tessin stammende Beilage **Polenta**, die aus Maismehlbrei besteht. Kaum ein Restaurant mit lokaler Küche, das nicht Schnitzel mit Pommes Frites (»Schnipo«) oder Cordon Bleu führt.

Fisch findet sich ebenso auf der Speisekarte, vor allem Felchen, Forelle, Hecht und Egli (Süßwasserbarsch).

Im Spätherbst und Winter bieten viele Restaurants vorzügliche **Wildspezialitäten** an.

Getränke

Die Schweiz produziert vorzügliche **Weine**, auch wenn die Anbaufläche seit 1900 stark zurückgegangen ist. In Zürich gedeihen einige Traubensorten auf dem Rebberg Chillesteig im Quartier Höngg. Auf den Getränkekarten der meisten Restaurants sind Schweizer Weine allenfalls eine Ergänzung zum internationalen Angebot. Meist wird jedoch **Bier** getrunken, besonders in einer Beiz (Kneipe). Die bekannteste Schweizer Sorte ist Feldschlösschen aus Rheinfelden, doch auch viele Kleinbrauereien mit dem Mut zur Lücke haben derzeit Hochkonjunktur.

Speisefolgen

Die Reihenfolge der Speisen hat verschiedene Namen: Es beginnt mit dem »Zmörgele« (Frühstück), dann folgt das »Znüni« genannte kleinere Zweitfrühstück. Das »Zmittag« wird im Zürcher Businessjargon auch als »Lönch« bezeichnet. Beim »Zvieri« werden Rüeblitorte, Zuger Kirschtorte und andere Süßspeisen zum Nachmittagskaffee kredenzt, und schließlich folgt das »Znacht« oder auch Nachtessen, das im »Grossen Kanton« (wie Deutschland von manchen Schweizern genannt wird) simpel Abendbrot heißt.

Drei weitere erwähnenswerte Getränke stammen aus der Schweiz: die auf Basis von Malz bestehende **Ovomaltine** (liebevoll Ovo genannt), die Limonade **Rivella** und der im Kanton Jura von Klosterschwestern erfundene **Absinth** – der trotz des bis 2005 in der EU geltenden Verkaufsverbots in der Schweiz weiterhin hergestellt und getrunken wurde.

⚠️ Einen tieferen Einblick in die Gastroszene vermittelt das jährlich erscheinende, recht umfangreiche Magazin »Zürich geht aus«, das an jedem Zeitschriftenkiosk erhältlich ist.

Gourmettempel

■ **Belvoirpark**
Seestr. 125
Enge (Kreis 2)
Tel. 044 286 88 44
www.belvoirpark.ch
Di–Sa 8–24 Uhr
Die Zürcher Hotelfachschule in einer klassizistischen Villa liegt inmitten des Belvoirparks am Zürichsee. Das vornehme Restaurant serviert lokale und internationale Gerichte aus frisch zubereiteten Zutaten. ●●●

■ **Blaue Ente**
Seefeldstr. 223
Mühlebach (Kreis 8)
Tel. 044 388 68 40
www.blaue-ente.ch
Mo–Sa 11.30–23.30 Uhr
Auf dem Gelände der Mühle Tiefenbrunnen liegt das luftig eingerichtete Feinschmeckerlokal, in dem Peter und Margriet Schnaibel seit 2010 für eine schnörkellose Brasserieküche ohne Schnickschnack, aber aus erlesenen Zutaten sorgen. ●●●

■ **Kronenhalle**
Rämistr. 4][Hochschulen (Kreis 1)
Tel. 044 262 99 00
www.kronenhalle.com
tgl. 12–24 Uhr
Die vornehme Kronenhalle zählt zu den bekanntesten Restaurants Zürichs. Vor allem Prominente und Künstler

Vornehme Gaumenfreuden

■ Kochkunst vom Feinsten zelebrieren **Rico's Kunststuben** mit mediterraner Küche in Küsnacht an der Goldküste des Zürichsees. ❯ S. 28

■ Ausgezeichnete, leichte Gerichte tischt Didi Bruna in seinem kleinen, sehr beliebten Restaurant **Didi's Frieden** auf. ❯ S. 30

■ Das Bistrorestaurant **Lumière** im Rennwegquartier serviert mit französischer Leichtigkeit exzellente Speisen basierend auf den Rindern von der argentinischen Farm des »Yello«-Sängers Dieter Meier. ❯ S. 31

■ Die Mischung aus europäischen und asiatischen Kochkünsten bestimmt Menü und Erscheinungsbild im angesagten **Tao's**. ❯ S. 32

■ Vegetarisch auf höchstem Niveau, und das im Dauertrend, ist die Küche des **Hiltl**, dem ältesten vegetarischen Restaurant Europas. ❯ S. 34

■ Am Fuß des Lindenhofhügels liegt das kleine Feinschmeckerlokal **Lindenhofkeller** mit marktfrischer Küche und einem grandiosen Weinangebot. ❯ S. 35

■ Die **Seerose** direkt am Zürichsee verspricht kulinarische Erlebnisse und verbreitet ausgelassene Ferienstimmung. ❯ S. 110

schätzen seit jeher die Schweizer
Küche in der elegant gestalteten, holz-
vertäfelten Brasserie mit echten
Gemälden unter Kronleuchtern. ●●●

■ **LaSalle**

Schiffbaustr. 4
Industriequartier (Kreis 5)
Tel. 044 258 70 71
www.lasalle-restaurant.ch
Mo/Di 11–24, Mi/Do 11–1, Fr 11–2,
Sa 17–2, So 17–24 Uhr
Angesagtes Restaurant im innovativ
umgebauten Schiffbau; nicht nur loka-
le Prominenz tafelt hier marktfrische,
mediterran angehauchte Küche. ●●●

■ **Mesa**

Weinbergstr. 75
Unterstrass (Kreis 6)
www.mesa-restaurant.ch
Tel. 043 321 75 75
Di–Fr 11.45–15, 18.45–24,
Sa 18.45–24 Uhr
Die Presse überschlägt sich vor Lob.
Von 18 Punkten im Gault Millau bis
zum »Restaurant des Jahres Schweiz«
bei Bertelsmann reicht die Spanne der
Elogen auf das dezent eingerichtete
Restaurant von Marcus Lindner und
dessen kreative Küche mit katalani-
schem Einschlag. ●●●

■ **Rico's Kunststuben**

Seestr. 160][8700 Küsnacht
www.kunststuben.com
Tel. 044 910 07 15
Di–Sa 12–22 Uhr
Petermann's Kunststuben war jahr-
zehntelang eine <mark>Institution in Küs-</mark>
<mark>nacht,</mark> sein Stern strahlte weit über
Zürich hinaus. Während Horst Peter-
mann nach wie vor im Hintergrund
werkelt, hat Nachfolger Rico Zandonel-
la im renovierten Gourmetrestaurant
am Zürichsee das Zepter übernommen.
Seine farbige, mediterran angehauchte

Küche erntete auf Anhieb 18 Punkte
bei Gault Millau sowie zwei Michelin-
Sterne. ●●●

■ **Sein**

Schützengasse 5
Lindenhof (Kreis 1)
Tel. 044 221 10 65
www.zuerichsein.ch
Mo–Fr 11.30–14, 18–24 Uhr
Elegantes, helles Ambiente ziert das
Gourmetrestaurant in Bahnhofsnähe, dessen internationale Gerichte
17 Punkte bei Gault Millau einge-
bracht haben. Beliebt ist auch die
eigene Tapasbar. ●●●

■ **Giesserei**

Birchstr. 108][Oerlikon (Kreis 11)
Tel. 043 205 10 10
www.diegiesserei.ch
Mo–Fr 12–14, 18–22, Sa 18–22 Uhr
In einer bald hundertjährigen Gießerei
im Businessquartier Oerlikon kombiniert Künstler Lukas Hofkunst die Reli-
quien des Industriebetriebs mit moderner Gastronomiegestaltung. Die
ehrliche Saisonküche mit drei verschiedenen Gerichten pro Tag gehört zum
Besten im Zürcher Norden. ●●–●●●

Schweizer Küche

■ **Wirtschaft Neumarkt**

Neumarkt 5
Rathaus (Kreis 1)
Tel. 044 252 79 39
www.wirtschaft-neumarkt.ch
Mo–Sa 12–14, 18–24 Uhr
Das Restaurant im gleichnamigen
Theater serviert leichte Gerichte auf
der Basis authentischer Zutaten.
Neben dem hellen Hauptsaal bedient
das Team auch die Bankettsäle im
Obergeschoss. Die Café-Bar ist bereits
ab 9 Uhr geöffnet. Im Sommer reizt
der schattige Garten. ●●–●●●

■ **Eichhörnli**
Nietengasse 16
Aussersihl (Kreis 4)
Tel. 044 241 11 28
www.restaurant-eichhoernli.ch
Di–Fr 12–14.30, 18.30–23.30,
Sa 18.30–23.30 Uhr
Schweizer Gerichte zubereitet wie zu
Großmutters Zeiten: Züri-Geschnetzel-
tes, Kalbsleberli, Schnipo oder Mist-
kratzerli. Geschnitzte Eichhörnchen in
den Holzpfeilern gaben dem hell ein-
gerichteten und doch gemütlichen
Lokal den Namen. ●●

■ **Kantorei**
Neumarkt 2][Rathaus (Kreis 1)
Tel. 044 252 27 27
www.restaurant-kantorei.ch
Mo–Fr 9–24, Sa 11.30–24,
So 11–23 Uhr
Frische Saisonküche und große Wein-
auswahl bietet das beliebte Restaurant
gegenüber dem Jupiterbrunnen am
Neumarkt mit der auffallenden hohen
Fenstergestaltung. Kleine Lounge für
den Ausklang des Tages. ●●

■ **Rosaly's**
Freieckgasse 7
Hochschulen (Kreis 1)
Tel. 044 261 44 30][www.rosalys.ch
Mo–Do 11.30–14.30, 17–24,
Fr 11.30–14.30, 17–1, Sa 17–1,
So 17–24 Uhr
Beliebtes Restaurant nahe Bellevue
mit Gerichten von G'hacktem über
Mistkratzerli bis zum Cordon Bleu.
Sonntagsbrunch »wie bei Mama, nur
ohne Mama«. Günstige Drinks am
Happy Monday. ●●

■ **Terroir**
Rämistr. 32][Rathaus (Kreis 1)
Tel. 044 262 04 44][www.terroir.ch
Mo–Fr 7.30–23.30,
Sa/So 9.30–23.30 Uhr

Das LaSalle im Schiffbau

Der Name des Restaurants im Schauspielhaus ist Programm: »Terroir«
meint Ursprung, entsprechend wird die
Herkunft der authentisch zubereiteten
Schweizer Spezialitäten deklariert. ●●

Bierhallen

■ **Bierhalle Kropf**
In Gassen 16][Lindenhof (Kreis 1)
Tel. 044 221 18 05
www.zumkropf.ch
Mo–Sa 11-30–23.30 Uhr
Schon seit 1888 serviert der Kropf als
klassisches Bierhaus. Sehenswert ist
das prächtige Jugendstildekor im mittleren Bereich mit geschnitzter Wand-
vertäfelung. Überraschende Spezialität
sind Kutteln nach Zürcher Art. Im Sommer lebendige Gartenwirtschaft. ●●

■ **Zeughauskeller**
Bahnhofstr. 28a
Lindenhof (Kreis 1)
Tel. 044 211 26 90
www.zeughauskeller.ch
tgl. 11.30–23 Uhr
Die ein paar Schritte vom Paradeplatz
gelegene Bierhalle bietet deftige Haus-
mannskost mit allerlei Varianten von
Wurst und Schnitzel. Immer sehr gut
besucht; abends reservieren! ●–●●

Künstlerisch gestaltet präsentiert sich der Speisesaal der Rüsterei in einem ehemaligen Industriegebäude

Internationale Küche

■ Segantini

Ankerstr. 120][Aussersihl (Kreis 4)
Tel. 044 241 07 00
www.segantini.ch
Di–Do 12–14, 18.30–24,
Fr/Sa 18.30–24 Uhr

Mit frischen Zutaten, leidenschaftlicher Kreativität und dem Blick auf das Einfache erkochte sich der Engländer Adrian Efford im Segantini auf Anhieb 14 Gault-Millau-Punkte. Die zurückhaltende Atmosphäre mit großem Spiegelmosaik passt ins Gesamtbild. ●●●

■ Didi's Frieden

Stampfenbachstr. 32
Unterstrass (Kreis 6)
Tel. 044 253 18 10
www.didisfrieden.ch
Mo–Fr 11–14.30, 17–24,
Sa 18–24 Uhr

Bei Trendsetter Didi Bruna lohnt sich eine Reservierung, nicht umsonst bewertete der Gault Millau die »kulinarische Verwöhnatmosphäre« der leichten Küche mit 15 Punkten. ●●–●●●

■ Metropol

Fraumünsterstr. 12
Lindenhof (Kreis 1)
Tel. 044 200 59 00
www.metropol-restaurant.ch
Mo–Sa 11.30–14, 18–22 Uhr

Das Restaurant im Neobarock-Gebäude der Bank Clariden Leu lädt bei eleganter Schlichtheit des Interieurs zu einer gelungenen Mischung aus mediterraner und asiatischer Küche ein. ●●–●●●

■ Rüsterei

Kalanderplatz 6][Wiedikon (Kreis 3)
Tel. 044 317 19 19
www.ruesterei.ch
Mo–Fr 11–14.30, 17–24, Sa 18–24,
So 10–14.30, 18–22 Uhr

Vor dem neuen Einkaufszentrum Sihlcity verwandelte der Zermatter Künstler Heinz Julen die historische Halle einer einstigen Papierfabrik in ein angesagtes Restaurant im Industriedesign, das eine gelungene Mischung aus lokalen und internationalen Gerichten auftischt. ●●–●●●

■ **Terrasse**
Limmatquai 3][**Rathaus (Kreis 1)**
Tel. 044 251 10 74
www.cafe-terrasse.ch
Mo–Fr 11.30–14, 18–24,
Sa/So 10–24 Uhr
Beliebte mediterrane Küche in der
prächtigen Säulenhalle des Terrasse-
Hauses, das zwischen Limmat und Lim-
matquai kurz vor dem Bellevue das
Stadtbild prägt. Links lädt die Bar zum
Afterwork ein. ●●–●●●

■ **Bürgli**
Kilchbergstr. 15
Wollishofen (Kreis 2)
Tel. 044 482 81 00
www.restaurantbuergli.ch
Mo–Fr 9–24, Sa 18–24, So 10–24 Uhr
Mit Blick auf das westliche Ufer des
Zürichsees im Stadtteil Wollishofen
serviert das Restaurant neben anderen
schmackhaften Gerichten ein ausge-
zeichnetes Entrecôte »Café de Paris«,
ähnlich dem Original in Genf. Lohnt
auch zum Sonntagsbrunch. ●●

■ **Reithalle**
Gessnerallee 8][**City (Kreis 1)**
Tel. 044 212 07 66
www.restaurant-reithalle.ch
Mo–Mi 11–23, Do/Fr 11–24,
Sa 18–4, So 18–23 Uhr
Das urbane Lokal im denkmalgeschützten einstigen Pferdestall der
Kavallerie beim Theaterhaus Gessnerallee serviert bodenständige Gerichte
aus aller Welt. Im Sommer ausgelassene Stimmung an den Bänken im großen Biergarten. ●●

■ **Zum grünen Glas**
Untere Zäune 15][**Rathaus (Kreis 1)**
Tel. 044 251 65 04
www.gruenesglas.ch
Mo–Fr 11–14.30, 17.30–23.30,
Sa 17.30–23.30 Uhr

In einem versteckten Winkel des Dörfli
bietet das Restaurant im gleichnamigen Zunfthaus saisonal wechselnde,
weltoffene Bistroküche und ein romantisches Gartenlokal. ●●

Französisch

■ **Brasserie Schiller**
Goethestr. 10][**Rathaus (Kreis 1)**
Tel. 044 222 20 30
www.brasserie-schiller.ch
Mo–Fr 11.30–14, 17.30–23,
Sa 17.30–23,
So 10–16, 17.30–23 Uhr
Im historischen Gebäude der Neuen
Zürcher Zeitung gelegene Brasserie
mit lebendiger französischer Küche.
Der Sonntagsbrunch reicht bis in den
frühen Nachmittag. ●●●

■ **Brasserie Lipp**
Uraniastr. 9
Lindenhof (Kreis 1)
Tel. 043 888 66 66
www.brasserie-lipp.ch
Mo–Do 8–24, Fr 8–1, Sa 11–1,
So 11.45–23 Uhr
Die Kultstätte französischer Brasserie-
Küche verströmt einen Hauch Belle
Époque und serviert seit 20 Jahren
marktfrische Küche nach dem Motto
»So isst Paris«. ●●–●●●

■ **Lumière**
Widdergasse 5
Lindenhof (Kreis 1)
Tel. 044 211 56 65
www.restaurant-lumiere.ch
Di–Fr 11.30–14.30, 18–23.30,
Sa 11.30–23.30 Uhr
Die kleine Schwester des Hotelrestau-
rants Kindli erinnert an ein Bistro mit
französischer Leichtigkeit im gelb und
schwarz gehaltenen Interieur. **Empfehlenswert ist das Entrecôte** vom argentinischen Rind. ●●–●●●

Italienisch

■ Frascati
Bellerivestr. 2][Seefeld (Kreis 8)
Tel. 043 443 06 06
www.molino.ch
Mo–Sa 9–24, So 10–24 Uhr
Das zur »Molino«-Kette gehörende
Ristorante an der Seepromenade serviert italienische Klassiker, ausgezeichnete Pizza sowie gute Fisch- und Mee-
resfrüchtespezialitäten in luftiger,
offener Atmosphäre. ●●

■ Tessin Grotto
Waidbadstr. 151
Wipkingen (Kreis 10)
Tel. 044 271 47 50
www.tessin-grotto.ch
Mi–So 9–23 Uhr
Wer den Aufstieg oberhalb der Waid
(> S. 33) bis ins Tessin Grotto schafft,
fühlt sich in eine andere Welt versetzt.
Unter Kastanienbäumen auf der Ter-
rasse und am gemütlichen Kamin kom-
men Tessiner Spezialitäten auf den
Tisch. ●●

Exotisch

■ Fujiya of Japan
Tessinerplatz 5][Enge (Kreis 2)
Tel. 044 208 15 55][www.fujiya.ch
Mo–Fr 11.30–14, 18–23,
Sa 18–23 Uhr
Japanische Gastfreundschaft in ange-
nehmem Ambiente bietet das Restau-
rant im Hotel Ascot. Die Speisen der
Teppanyaki-Küche werden direkt am
Tisch zubereitet, das Angebot erfreut
auch Sushi-Fans. ●●●

■ Casa Aurelio
Langstr. 309
Industriequartier (Kreis 5)
Tel. 044 272 77 44
www.casaaurelio.ch
Mo–Sa 11–24 Uhr

Frisch zubereitete mediterrane Speisen machen Laune auf einen Streifzug
durch die spanische Küche, dazu
werden exquisite Weine serviert.
Eine Spezialität sind aber auch Mistkratzerli aus dem Backofen sowie
Lammgerichte. ●●

■ Movie
Beatenplatz 4
Lindenhof (Kreis 1)
Tel. 044 211 66 77
www.dinner.ch
Mo–Do 11.30–23, Fr 11.30–24,
Sa 11–24, So 10–23 Uhr
Das nach Filmthemen eingerichtete
Restaurant neben dem Kino ABC ser-
viert vor allem amerikanische Gerichte,
im Sommer lockt der Platanengarten
vor dem Haus. ●●

■ Outback Lodge
Stadelhoferstr. 18
Hochschulen (Kreis 1)
Tel. 044 252 15 75
www.outback-lodge.ch
Mo–Do 10–1, Fr 10–2, Sa 11–2,
So 11–24 Uhr
Australisches Flair von »down under«
in der Stadelhoferpassage: Das Out-
back Lodge serviert multikulturelle
Speisen mit starken asiatischen Ein-
flüssen. ●●

■ Tao's
Augustinergasse 3
Lindenhof (Kreis 1)
Tel. 044 448 11 22
www.taos-lounge.ch
Di–Sa 12–2 Uhr
Hier gibt es euro-asiatische Fusion-
küche in einer überwiegend in Braun-
tönen gestalteten Oase auf zwei Eta-
gen inmitten der City, ==raffinierte
Kreationen in fernöstlichem Charme==.
Die Bar Lounge ist beliebt zur After-
workparty. ●●

Echt gut!

Das Restaurant Movie macht seinem Namen alle Ehre

■ Tres Kilos
Dufourstr. 175
Seefeld (Kreis 8)
Tel. 044 422 02 33
www.treskilos.ch
Mo 11.45–14, 18–22,
Di–Fr 11.45–14, 18–24,
Sa 18–24, So 18–22 Uhr
Das erste mexikanische Restaurant der
Schweiz versprüht Lebensfreude durch
authentische Küche mit selbst herge-
stellten Tortillas und ein farbiges Am-
biente. ●●

Speisen mit Aussicht
■ Fischstube
Bellerivestr. 160][Seefeld (Kreis 8)
Tel. 044 422 25 20
www.fischstube.ch
April–Okt. tgl. 10–24 Uhr
Die Fischstube ist nicht das einzige,
aber eines der schönsten Restaurants
direkt am Zürichsee. Die knapp gehaltene Speisekarte widmet sich vor allem
Fischgerichten von Felchen bis Zander,
im Biergarten mit Selbstbedienung
gibt es preisgünstigere Kleinigkeiten.
●●–●●●

■ Seerose
Seestr. 493][Wollishofen (Kreis 2)
Tel. 044 481 63 83][www.dinning.ch
tgl. 9–24 Uhr
❯ S. 110. ●●–●●●
■ Die Waid
Waidbadstr. 45
Wipkingen (Kreis 10)
Tel. 043 422 08 08
www.diewaid.ch
tgl. 8.30–23.30 Uhr
Die Waid liegt im Ausflugsgebiet Waid-
berg im Norden Zürichs mit einer
prachtvollen Aussicht über Stadt und
Zürichsee. Gleich mehrere Restaurants
sind unter einem Dach zu finden: Inter-
nationale Küche, eine Wok-Beiz und
Schweizer Küche ermöglichen Schlemmen mit Weitblick. ●●

Vegetarisch und Biologisch
■ Tibits im NZZ Bistro
Falkenstr. 12][Seefeld (Kreis 8)
Tel. 044 258 17 18][www.tibits.ch
Mo–Sa 11–22, So 11–18 Uhr
Neuer Ableger des vegetarischen Fast-
Food-Restaurants Tibits in einem türkis
gestalteten Raum mit leckerem Buffet

fleischloser Leckerbissen, sonntags auch Langschläfer-Brunch. ●●

■ **Samses**
Langstr. 231
Industriequartier (Kreis 5)
Tel. 044 440 13 13][www.samses.ch
Mo–Fr 11–23, Sa 16–23 Uhr
Wo die Eltern einst ein Reisebüro besaßen, eröffneten die Kinder ein vegetarisches Restaurant mit Schlemmerbuffet den ganzen Tag über. Abends gibt es auch à la carte. ●—●●

■ **Schlauch**
Münstergasse 20
Lindenhof (Kreis 1)
Tel. 044 251 23 04
www.cafeschlauch.ch
Di–Sa 10–24 Uhr
Etwas versteckt liegt das familiengeführte Restaurant, das täglich drei verschiedene Menüs anbietet (vegetarisch, biologisch mit Fleisch sowie Fisch); dazu kommen Röstigerichte. Beliebt auch dank des großen Billardsaals. ●—●●

1 **Hiltl**
Das älteste vegetarische Restaurant von 1898 wird inzwischen in der vierten Generation geführt und ist begehrter denn je. Seit der letzten Erweiterung mit modernem Design kann man auch einen Blick in die Küche werfen. Empfehlenswert ist vor allem das Salatbuffet mit 50 hausgemachten Sorten und indischem Einschlag. Reservierung dringend empfohlen.
Sihlstr. 28][City (Kreis 1)
Tel. 044 227 70 00][www.hiltl.ch
Mo–Mi 6–24, Do–Sa 6–4,
So 8–24 Uhr. ●●

Fondue und Raclette

■ **Chäsalp**
Tobelhofstr. 236][Fluntern (Kreis 7)
Tel. 044 260 75 75
www.chaesalp.ch
Mo–Sa 11.30–14, 17.30–24,
So 11.30–24 Uhr
Am Waldrand auf »61 702 cm ü. M.« gelegene Berghütte mit rustikaler Einrichtung. Spezialitäten sind Käsefondue in 15 rassigen Varianten sowie Maggerone im Topf. ●●

■ **Chässtube Rehalp**
Forchstr. 359][Weinegg (Kreis 8)
Tel. 044 381 01 80
www.chaesstube-rehalp.ch
Mo–Fr 11.30–14, 18–24,
Sa/So 18–24 Uhr
Holzverkleideter Treffpunkt der Liebhaber von Fondue und Raclette. Verschiedene Variationen stehen zur Auswahl auf Basis von Gruyère und Vacherin, alternativ gibt es eine Vielzahl an Rösti- und Schnitzelgerichten sowie 20 Sorten Kirschschnaps. ●●

■ **Walliserkanne**
Lintheschergasse 21
City (Kreis 1)][Tel. 044 211 31 33
www.walliserkanne-zuerich.ch
Mo–Fr 11.30–14.15, 18–23,
Sa 18–23, Sept.–März auch
So 17–22.30 Uhr
Ein paar Schritte vom Hauptbahnhof entfernt sieht es in der Walliserkanne aus wie in einem Chalet. Die reichhaltige Fonduekarte kennt auch ungewöhnliche Sorten wie Tomatenfondue mit Kartoffeln statt Käse. ●●

Weinstuben

■ **Isebähnli**
Froschaugasse 26][Rathaus (Kreis 1)
Tel. 043 243 77 87
Mo–Sa 11–24 Uhr

Kleines, aber feines Juwel mit langen Holzbänken an rustikalen Tischen in einer versteckten Gasse des Niederdorfs. Die regional geprägte, bodenständige Küche begeistert ebenso wie die Weinauswahl. ●●—●●●

■ **Lindenhofkeller**
Pfalzgasse 4
Lindenhof (Kreis 1)
Tel. 044 211 70 71
www.lindenhofkeller.ch
Mo–Fr 11.45–15, 18.15–23.45 Uhr
Das kleine Feinschmeckerlokal überzeugt mit einer marktfrischen Kreuzung von Klassikern und Eigenkreationen von René Hofer. Hausspezialität ist der Prime-Kalbsrücken aus dem Niedertemperaturofen, **die Weinkarte umfasst 600 Sorten.** ●●—●●●

Echt gut!

■ **Kaiser's Reblaube**
Glockengasse 7
Lindenhof (Kreis 1)
Tel. 044 221 21 20
www.kaisers-reblaube.ch
Mo–Fr 11.30–14.30, 18–23,
Sa 18–23 Uhr
Die Waadtländer Weinstube in dem 1260 errichteten Haus entlang der Robert-Walser-Gasse beim malerischen Platz St. Peterhofstatt kredenzt Schweizer Weine aus den Kantonen Waadt und Wallis zu bewusst einfach gehaltenen Gerichten aus hochwertigen Zutaten. Im Goethe-Stübli nächtigte einst der Dichter auf seinem Besuch in Zürich. ●●—●●●

■ **Oepfelchammer**
Rindermarkt 12
Rathaus (Kreis 1)
Tel. 044 251 23 36
www.oepfelchammer.ch
Di–Fr 11–24, Sa 16–24 Uhr
Schon gut 200 Jahre zählt die »Öli« zu den beliebtesten Weinstuben der

Die Terrasse des Hiltl

Stadt, vor allem spielte sich hier schon immer das gesellschaftliche Leben um die Stadtprominenz ab. Bekanntester Gast war der Schriftsteller und Stadtschreiber Gottfried Keller, der am Rindermarkt wohnte. Die Querbalken und Sitzbänke sorgen für Charme und Gemütlichkeit. ●●

Quartierlokale

■ **Alpenrose**
Fabrikstr. 12
Industriequartier (Kreis 5)
Tel. 044 271 39 19
Mi–Fr 11–24, Sa/So 18.15–23 Uhr
Das Eckhaus mit seinen hohen Decken und der Holzvertäfelung sieht aus wie ein Wiener Kaffeehaus. Hier kommen ausschließlich Gerichte aus nachhaltiger biologischer Haltung auf den Teller, stets wird der Ursprung bis hin zur Fangstelle des Fisches deklariert. ●●

■ **Café Boy**
Kochstr. 2
Aussersihl (Kreis 4)
www.cafeboy.ch
Mo–Fr 16–0.30 Uhr
Wo einst die proletarische Jugend ein Wohnheim mit Café betrieb, begrüßen die neuen Pächter heute nicht nur Gäste aus dem Quartier, sondern auch Feinschmecker. Dank à point zubereiteter Gerichte mit gutem Preis-Leistungs-Verhältnis hat sich das Boy als Geheimtipp etabliert. ●●

■ **Muggenbühl**
Muggenbühlstr. 15
Wollishofen (Kreis 2)
Tel. 044 482 11 45
www.muggenbuehl.ch
tgl. 9–23.30 Uhr
Im sympathischen Fachwerk-Landgasthof aus dem 17. Jh. serviert das Muggenbühl solide Küche, wie das beliebte Cordon Bleu oder Felchenfiles aus dem Zürichsee. ●●

■ **Les Halles**
Pfingstweidstr. 6
Industriequartier (Kreis 5)
Tel. 044 273 11 25
www.les-halles.ch
Mo–Mi 11–24, Do 11–1, Fr/Sa 11–2, So 17–24 Uhr
Mediterrane Marktküche in großer Vielfalt wird in der ehemaligen Lagerhalle geboten; die Muscheln mit ausgezeichneten Pommes Frites wie in Belgien sind stadtbekannt. Im Stil einer nordafrikanischen Hafenkneipe präsentiert sich die Peugeot-Bar. ●●

■ **Sasso**
Seestr. 331
Wollishofen (Kreis 2)
Tel. 043 500 33 70
www.restaurantsasso.ch
Mo–Fr 8–24 Uhr
Der älteste Zürcher Bahnhof Wollishofen hat sich in ein urbanes Speiselokal verwandelt. Der einstige Wartesaal wurde zu einer neun Meter langen Bar, links befindet sich eine typische Beiz, rechts ein romantisches Nichtraucherrestaurant bei Kerzenlicht. ●●

■ **Blindekuh**
Mühlebachstr. 148
Mühlebach (Kreis 8)
Tel. 044 421 50 50
www.blindekuh.ch
Lunch Do/Fr 11.30–14,
Dinner Mo–Do 18.30–23,
Fr–So 18–23 Uhr
Die Gäste hier konzentrieren sich auf alle Sinne mit Ausnahme der Augen, denn die Gerichte bekommt man in völliger Dunkelheit von Sehbehinderten und Blinden serviert. Für diese besondere Erfahrung lohnt sich eine Reservierung. ●—●●

■ **Daniel H.**
Müllerstr. 51][Aussersihl (Kreis 4)
Tel. 044 241 41 78
www.danielh.ch
Di–Do 17–24, Fr 17–2, Sa 19–2 Uhr
Die ungezwungene Mischung aus Café, Bar, Take-away und Geschäft erinnert mit seiner unbekümmerten Atmosphäre irgendwie an ähnliche Quartierlokale in Berlin. ●—●●

■ **Lade**
Nietengasse 1
Aussersihl (Kreis 4)
Tel. 043 317 14 34
www.restaurant-lade.ch
Di–Fr 11.30–14, 18–24,
Sa 18–24 Uhr
Das einfach gehaltene Restaurant in einer parallelen Gasse zur Langstrasse bietet eine junge Küche zu günstigen Preisen. Die Weine können in der Vinothek gekauft werden. ●

Zum Kafi in Züri

Zugegeben, mit einer Kaffeehaus-kultur wie in Wien, Prag oder Budapest kann Zürich nicht mithalten. Und doch liebt der Zürcher sein stets vorne betontes »Kafi« nicht nur am Morgen. Allerdings ist typisch deutscher Filterkaffee dem Schweizer fremd, außerdem dürfen nur beste Arabica-Bohnen verwendet werden.

Klassische Kaffeehäuser

■ **Odeon**
Limmatquai 2][**Rathaus (Kreis 1)**
Tel. 044 251 16 50
www.odeon.ch
Mo–Do 7–2, Fr/Sa 7–4, So 11–2 Uhr
Das Kaffeehaus in Wiener Tradition von 1911 frequentierten Persönlichkeiten wie Albert Einstein, Franz Werfel und James Joyce. Auch wenn es gegenüber dem Originalumfang drastisch verkleinert wurde, ist das Odeon eine Zürcher

Institution geblieben. Neben gutem Kaffee zum Frühstück gibt es günstiges Essen bis nach Mitternacht.

■ **Schober-Péclard**
Napfgasse 4
Rathaus (Kreis 1)
Tel. 044 251 51 50
www.peclard-zurich.ch
Mo–Mi 8–19 Uhr, Do–Sa 8–23 Uhr,
So 9–19 Uhr
Im barocken Erdgeschoss des französisch angehauchten Cafés werden liebevoll kreierte Pâtisserie-Leckereien und Tee von Schwarzenbach (❯ S. 43) angeboten. Verschiedene Räumlichkeiten in den weiteren Etagen des unter Denkmalschutz stehenden Gebäudes sorgen für gemütliche Kaffeehaus-atmosphäre.

■ **Ernst**
Bahnhofstr. 61][**Lindenhof (Kreis 1)**
Tel. 044 221 81 17
www.cafe-ernst.com
Mo–Fr 7–20, Sa 8–18 Uhr

Café Felix

Drei Jahrzehnte lang servierte Hans
Ernst im ersten Stock neben der Buchhandlung Orell Füssli. Der neue Pächter
Matthias Kofmehl frischte behutsam
auf, die Stammkundschaft schätzt auch
die neuen Gerichte.

■ **Felix**
Bellevueplatz 5
Hochschulen (Kreis 1)
Tel. 044 251 80 60
www.felixambellevue.ch
Mo/Di 7.30–22, Mi–Fr 7.30–23,
Sa 8–23, So 9–20.30 Uhr
In majestätischer Lage am Bellevue
liegt das mit einem Meer von Kunst-
blumen farbenfroh eingerichtete Kaf-
feehaus. Gute heiße Schokolade und
Leckereien von Teuscher.

Kleine
Gemütlichkeiten
■ **Weggen**
Weggengasse 4
Lindenhof (Kreis 1)
Tel. 044 211 66 08
Mo–Fr 7–18.30, Sa 7–17 Uhr
Winziges Café in einer schmalen Gas-
se, die vom St. Peterhofstatt zum Wein-
platz führt. Gutes Frühstück und haus-
gemachte Kuchen ziehen Stammgäste
wie Reisende gleichermaßen an.

■ **Cakefriends**
Torgasse 3][Rathaus (Kreis 1)
Tel. 044 252 22 11
www.cakefriends.ch
Mo–Sa 9–22, So 9–21 Uhr
Modern gestaltetes Café im Oberdorf
mit außergewöhnlichen, leckeren und
gesunden Cakes, Muffins, Kaiser-
schmarrn und Poffertjes.

■ **Zähringer**
Zähringerpl. 11][Rathaus (Kreis 1)
Tel. 044 252 05 00
www.cafe-zaehringer.ch
Mo 18–24, Di–So 9 – 24 Uhr
Schon 30 Jahre lang verwaltet die Be-
legschaft in Form eines Kollektivs das
Café-Restaurant in Eigenregie. Die junge und alternative Kundschaft schätzt
die leckeren Tagesmenüs aus Zutaten,
die ökologisch und sozial verantwort-
lich produziert werden.

Das Café um die Ecke
■ **Kafischnaps**
Kornhausstr. 57
Wipkingen (Kreis 10)
Tel. 043 538 81 16
www.kafischnaps.ch
Mo–Fr 8–24, Sa/So 9–24 Uhr
In einer alten Metzgerei gelegen, ser-
viert das Café täglich Frühstück bis
16 Uhr, tagsüber Blätterteigpasteten
und Schnaps bis Mitternacht. Sehens-
werte fünf Designerzimmer (➤ S. 24).

■ **Les Gourmandises de Miyuko**
Beckenhofstr. 7/9
Unterstrass (Kreis 6)
Tel. 044 350 21 43][www.miyuko.ch
Mo–Fr 8–18, Sa 9–18, So 9–17 Uhr
Hübsche Kombination aus Café und
Pâtisserie-Boutique in einer Mischung
aus französischem und japanischem
Flair mit Scones und anderen leckeren
Kleinigkeiten.

Shopping

Auch wenn Zürich den Ruf hat, eine teure Stadt zu sein, zieht es viele Reisende auch zum Shopping hierher. Die Bahnhofstrasse ist bestimmt die berühmteste Einkaufsmeile der ganzen Eidgenossenschaft. Die Vielfalt der Geschäfte zwischen Bahnhofstrasse und der Limmat im Rennwegquartier ist überraschend. Auch die vielen kleinen Läden auf der anderen Seiten der Limmat im Niederdorf bzw. Oberdorf haben eine hohe Anziehungskraft mit Rückkehrcharakter.

Das bekannteste Mitbringsel aus der Schweiz ist sicherlich Schokolade – neben der Confiserie Sprüngli am Paradeplatz (❯ S. 40) gibt es weitere Geschäfte mit unwiderstehlichem Angebot. Auch Schweizer Kunsthandwerk steht bei Souvenirs ganz oben auf der Liste. Auffallend sind vor allem die vielen Uhrengeschäfte und Juweliere sowie vornehme Markenhersteller aus aller Welt.

Grundsätzlich sind die Geschäfte von Montag bis Freitag von 9 oder 10 Uhr morgens bis etwa 18.30 oder 19 Uhr geöffnet, samstags meist nur bis 16 Uhr.

Wer sonntags einkaufen möchte, findet im ShopVille unterhalb des Hauptbahnhofs viele geöffnete Läden, alternativ im »Airport Center« (❯ S. 16) am Flughafen Zürich. Kleinigkeiten und Lebensmittel können auch abends noch bei den größeren Tankstellen erstanden werden.

Antiquitäten

■ Koller
Stadelhoferstr. 38
Hochschulen (Kreis 1)
Tel. 044 260 10 36
www.kollerauktionen.ch
Mi–Fr 13.30–18.30, Sa 11–16 Uhr
Das führende Auktionshaus der Schweiz veranstaltet viermal im Jahr Auktionen für hochpreisige Kunst- und Sammlerobjekte.

■ Vock
Schipfe 10][Lindenhof (Kreis 1)
Tel. 044 211 34 34
www.danivockag.ch
Mo–Fr 9-18, Sa 10-16 Uhr
Der Restaurateur wertvoller Brocantique-Möbel bietet in seinem Laden an der Limmat Historisches und Neuanfertigungen.

Bäckereien und Confiserien

■ Buchmann
Rennweg 4][Lindenhof (Kreis 1)
Tel. 044 211 21 40
www.buchmannbeck.ch
Mo–Fr 6.30–19, Sa 6.30–16 Uhr
Diverse frische Brotsorten, Patisserie und die bekannten Bürli (Brötchensorte). Günstiger Mittagstisch für Eilige.

■ Poushe
Albisstr. 88][Wollishofen (Kreis 2)
Tel. 044 480 09 40
www.poushe.ch
tgl. 9–18 Uhr
Eine bulgarische Theaterregisseurin und ihre drei Töchter backen kreative Strudelvariationen von Apfel bis Zwetschgen. Beliebt sind auch die südosteuropäischen Brote und Kuchen.

Herrliches Backwerk in der
Confiserie Sprüngli

■ **Sprüngli**
Bahnhofstr. 21][**Lindenhof (Kreis 1)**
Tel. 044 224 46 46
www.spruengli.ch
Mo–Fr 7.30–18.30, Sa 8–18 Uhr
Das Sprüngli ist über die Grenzen hinweg die **bekannteste Confiserie der
Stadt.** Die »Luxemburgerli« und andere Leckereien werden zwar nicht mehr
hier hergestellt, doch unter den vielen
Niederlassungen zählt dieses Haus
an der Ecke zum Paradeplatz zu den
wichtigsten. Lohnender Mittagstisch
im Café im Obergeschoss.

Echt gut!

Bücher

■ **Beer**
St. Petershofstatt 10
Lindenhof (Kreis 1)
Tel. 044 211 27 05
www.buch-beer.ch
Mo–Fr 9–18.30, Sa 9–16 Uhr
Die älteste Buchhandlung der Stadt
entstand bereits 1832 angesichts der
gegründeten Universität, die vor dem
heutigen Standort zunächst am Augus-
tinerhof beheimatet war. Schwerpunkte sind Belletristik, Werke rund um
Zürich sowie Lehrmittel.

■ **Buch und Tuch**
Renggerstr. 60
Wollishofen (Kreis 2)
Tel. 044 480 20 40
www.buchundtuch.ch
Di–Fr 9–18, Sa 9–16 Uhr
Anstelle je ein Geschäft für Bücher und
eines für Tücher zu eröffnen, gründeten
Ruth Chautems und Verena Wyder
einen Laden mit beiden Geschäfts-
bereichen als unerwartete Symbiose
zwischen beiden Genres. Ein Nähate-
lier ergänzt das Angebot, ein Schreib-
atelier gibt es jedoch nicht.

■ **Comics-Shop**
Froschaugasse 7
Rathaus (Kreis 1)
Tel. 044 253 22 22
www.comics-shop.ch
**Mo–Mi 10–18.30, Do/Fr 10–20,
Sa 10–17 Uhr**
Zürich ist eine Comic-Hochburg, und
der Eigentümer kennt das Genre so
gut, dass er alle Fragen der Laufkund-
schaft vollumfänglich beantworten
kann. Es gibt kaum ein Thema, das
nicht schon als Comic verarbeitet
wurde.

■ **Orell Füssli**
Füsslistr. 4][**City (Kreis 1)**
Tel. 0848 849 848
www.books.ch
Mo–Fr 9–20, Sa 9–18 Uhr
Führende Buchhandlung der Stadt auf
2000 m² mit einer Riesenauswahl auf
vier Etagen, genügend Sitzbänken zum
Schmökern und eigenem Starbucks
Café. Englischsprachige Bücher in der
Filiale an der Bahnhofstrasse 70.

■ **Travel Book Shop**
Rindermarkt 20][**Rathaus (Kreis 1)**
044 252 38 83
www.travelbookshop.ch
Di–Fr 10–18.30, Sa 10–17 Uhr

Das Spezialgeschäft für Reiseliteratur in nahe und entfernt gelegene Länder punktet besonders dank der individuellen Beratung von Gisela Treichler und ihrem Team.

Einkaufszentren

■ **Glatt**
Neue Winterthurerstr. 99
8301 Wallisellen-Glattzentrum
Tel. 044 839 42 42][www.glatt.ch
Mo–Sa 9–20 Uhr
Das nach dem Fluss in Wallisellen bei Zürich benannte größte Shoppingcenter der Schweiz am Autobahn-Nordring verfügt über mehr als 90 Spezialgeschäfte auf 43 000 m².

■ **Sihlcity**
Kalanderplatz 1][Wiedikon (Kreis 3)
Tel. 044 204 99 99
www.sihlcity.ch
Mo–Sa 9–20 Uhr
Großes Shoppingcenter im Südwesten.
❯ S. 107

Einrichtung

■ **Artecotta**
Sihlquai 274
Industriequartier (Kreis 5)
Tel. 044 440 65 00
www.artecotta.ch
Mo–Fr 10–18.30, Sa 10–16 Uhr
Pfiffige Einrichtungsideen für drinnen und draußen und passende Accessoires zum Mitnehmen präsentiert die mediterrane Wohlfühloase.

■ **Depot**
Strehlgasse 22][Lindenhof (Kreis 1)
Tel. 044 211 77 07
www.depot.ch
Mo–Fr 10–12.30, 13.30–18 Uhr
Das Depot bietet Wohnaccessoires und Badezimmereinrichtungen im Stil der 1930er-Jahre und früher, wie sie noch

heute in kleinen Manufakturen hergestellt werden.

■ **Einzigart**
Josefstr. 36
Industriequartier (Kreis 5)
Tel. 044 440 46 01
www.einzigart.ch
Di–Fr 11–18.30, Sa 10–17 Uhr
Kleines Geschäft mit Einrichtungsgegenständen und Geschenkideen zeitgenössischer Designer, oft verbunden mit Veranstaltungen und Vernisagen.

■ **Ines Boesch**
Weggengasse 6
Lindenhof (Kreis 1)
Tel. 043 344 84 10
www.inesboesch.ch
Mo 12–18.30, Di–Fr 10.30–18.30, Sa 10.30–17.30 Uhr
Mit märchenhaften Motiven und barocken Ornamenten bedruckt Textildesignerin Ines Boesch Stoffe und Foulards, gestaltet aber auch Keramik und Schmuck in ihrer unnachahmlichen Art. Das Sortiment wird durch Parfüme, Seifen und Balsame aus einer Florentiner Klosterapotheke ergänzt.

■ **Walter**
Geroldstr. 15
Industriequartier (Kreis 5)
Tel. 044 201 83 83
www.walterwalter.ch
Di–Fr 10–19, Do bis 20, Sa 9–17 Uhr
Sammelsurium aus Möbeln und Accessoires im Vintage-Stil aus wiederverwertbaren Materialien.

Juweliere und Uhren

■ **Beyer**
Bahnhofstr. 31][Lindenhof (Kreis 1)
Tel. 043 344 63 63
www.beyer-ch.ch
Mo–Fr 9.15–18.30,
Sa 9.15–16 Uhr

Einrichtungsabteilung im Kaufhaus Globus

Das älteste Uhrengeschäft der Schweiz führt Chronometer von 14 Marken und unterhält ein eigenes Goldschmiedeatelier. Das Museum der Zeitmessung mit prachtvollen Exponaten im Untergeschoss (> S. 71) ist nur wochentags am Nachmittag zugänglich.

■ **Bucherer**
Bahnhofstr. 50][**Lindenhof (Kreis 1)**
Tel. 044 211 26 35
www.bucherer.ch
Mo–Fr 9–19, Sa 9–17 Uhr
Seit 1888 eines der führenden Juweliergeschäfte der Schweiz. Neben exklusiven Edelsteinen und elegantem Schmuck verkauft Bucherer Schweizer Uhren bekannter Firmen sowie interessante Souvenirs.

■ **Régine Giroud**
In Gassen 6][**Lindenhof (Kreis 1)**
Tel. 044 210 20 11
www.regine-giroud.ch
Mo–Fr 10–18, Sa 10–16 Uhr
Schmuckstücke bedeutender Juweliere aus dem 19. Jh. sowie den Epochen Ju-

gendstil und Art Déco bietet Diamantgutachterin Régine Giroud in ihrem Spezialgeschäft.

Kaufhäuser

■ **Globus**
Schweizergasse 11][**City (Kreis 1)**
Tel. 058 578 11 11
www.globus.ch
Mo–Sa 9–20 Uhr
Der vordere Teil der Bahnhofstrasse wird von mehreren Kaufhäusern gesäumt, darunter ist Globus im Inneren vielleicht das schönste. Empfehlenswert ist vor allem die Lebensmittelabteilung »Delicatessa« im Untergeschoss. Eine weitere Filiale befindet sich am Bellevue.

■ **Jelmoli**
Seidengasse 1][**City (Kreis 1)**
Tel. 044 220 44 11
www.jelmoli.ch
Mo–Sa 9–20 Uhr
Das aufwendig umgestaltete »House of Brands« folgt nicht mehr dem klassischen Kaufhauskonzept, sondern vereint Markenshops, eine Gourmet Factory und ein Fitnessstudio von Holmes Place unter einem Dach. Schönes minimalistisch eingerichtetes Restaurant.

Lebensmittel und Delikatessen

■ **Ladurée**
Kuttelgasse 17][**Lindenhof (Kreis 1)**
Tel. 044 211 88 84
www.laduree.com
Mo–Mi+Fr 9–18.30, Do 9–20,
Sa 9–17 Uhr
Sicherlich sind die »Luxemburgerli« von Sprüngli (> S. 40) die bekanntere Versuchung, aber das Pariser Maison Ladurée hat mit seinen cremigen Delikatessen eine leckere, sogar etwas ältere Version der Macarons nach

Zürich gebracht. Manche Stammkunden freuen sich auf die regelmäßig erscheinenden neuen Verpackungen.

■ **Oliviers & Co.**
Limmatquai 36][Rathaus (Kreis 1)
Tel. 043 243 66 86
www.oliviersandco.net
Mo–Fr 10–19, Sa 10–17 Uhr
In dem hübschen Arkadengeschäft am Limmatquai gibt es alles Erdenkliche aus Oliven – vom Olivenöl über Olivengebäck bis zu Schneidebrettern aus Olivenholz.

■ **Schwarzenbach Kolonialwaren**
Münstergasse 19
Rathaus (Kreis 1)
Tel. 044 261 13 15
www.schwarzenbach.ch
Di–Fr 8–18.30, Sa 9–17 Uhr
Vor dem bekannten Kolonialwarengeschäft bleibt jeder Besucher stehen. Kunstvoll arrangierte Spezialitäten werden verkauft wie zu Großmutters Zeiten, auch der Kaffee wird hier noch selbst geröstet wie früher. Das dazugehörige gemütliche »TeeCafé« liegt gleich nebenan.

■ **Truffe**
Schlüsselgasse 12
Lindenhof (Kreis 1)
Tel. 043 539 18 85
www.truffe-zurich.ch
Di–Fr 11–18.30, Sa 11–17 Uhr
»Schokolade & Lifestyle« ist das Motto des hübschen Geschäfts von Elisabetta Capei mit auserlesenen Schweizer und italienischen Sorten aus kleinen Chocolaterien.

Märkte

■ **Rosenhof Markt**
Rosenhof][Rathaus (Kreis 1)
www.rosenhof.ch
Do 10–20, Sa 10–17 Uhr

Von März bis Dezember wird donnerstags und sonntags in dem kleinen Innenhof zwischen Niederdorfstrasse und Limmatquai (> S. 80) ein Markt abgehalten.

■ **Flohmarkt Kanzlei Zürich**
Kanzleistr. 56][Aussersihl (Kreis 4)
www.flohmarktkanzlei.ch
Sa 8–16 Uhr
Bis zur 400 Verkäufer bieten Gebrauchtwaren aller Art.

Mode und Accessoires

■ **Bree**
Rennweg 38
Lindenhof (Kreis 1)
Tel. 044 212 11 61][www.bree.ch
Mo–Fr 10–18.30, Sa 10–17 Uhr
Taschen, Reisegepäck und Accessoires der bekannten deutschen Marke in einem hellen Verkaufsgeschäft am Rennweg.

■ **Cashmere House**
Augustinergasse 50
Lindenhof (Kreis 1)
Tel. 044 211 30 75
www.cashmerehouse.ch
Mo–Fr 9.30–18.30, Sa 9.30–17 Uhr
Zürichs erste Adresse für Kleidung aus feinstem Cashmere aus Schottland

Auf dem Rosenhof Markt

und Italien. Der Eingang liegt etwas versteckt in einer Nebengasse.

■ **Christa de Carouge**
Seefeldstr. 231
Mühlebach (Kreis 8)
Tel. 044 381 18 89
www.christa-de-carouge.ch
Mi–Fr 10–18.30, Sa 10–17 Uhr
Die Schweizer Modeschöpferin mit Vorliebe für Schwarz zeigt in ihrem dreistöckigen Showroom in der Mühle Tiefenbrunnen architektonisch anmutende Kunstwerke aus edlen Materialien.

■ **Freitag**
Geroldstr. 17
Industriequartier (Kreis 5)
Tel. 043 366 95 20
www.freitag.ch
Mo–Fr 11–19, Sa 11–17 Uhr
Der trendige Zürcher Hersteller fertigt Taschen und Rucksäcke als Weiterverarbeitung von LKW-Planen und Sicherheitsgurten. Sehenswert ist auch der Laden aus aufgetürmten Frachtcontainern.

■ **Gassmann**
Poststr. 5–7][Lindenhof (Kreis 1)
Tel. 044 211 08 37
www.gassmann-mode.ch
Mo–Fr 9.30–19, Sa 9.30–17 Uhr
Vornehme Kleidung renommierter Marken für die modische Dame von heute. Einen weiteren Schwerpunkt bildet die Kinderabteilung »Ballon Rouge«.

■ **Grieder**
Bahnhofstr. 30][Lindenhof (Kreis 1)
Tel. 044 224 36 36
www.bongenie-grieder.ch
Mo–Fr 9.30–19, Sa 9.30–18 Uhr
Vor allem Damen zählen zu den regelmäßigen Kunden des alteingesessenen Modegeschäfts an der Ecke zum Paradeplatz, führt es doch eine große Auswahl von Designermode bis zu jungem Chic. Auch internationale Modemarken für den Herrn sind hier zu finden. Ein Geheimtipp ist die Bar in der zweiten Etage.

■ **Herren Globus**
Löwenstr. 37][City (Kreis 1)
Tel. 058 576 35 00
www.herrenglobus.ch
Mo–Sa 9–20 Uhr
Klassisches Herrenkonfektionsgeschäft von 1907 am Löwenplatz mit stilvoller Mode für den Herrn und passender Beratung.

■ **Keck**
Oetenbachgasse 15
Lindenhof (Kreis 1)
Tel. 044 221 32 40
www.keckag.ch
Mo–Fr 9.30–18.30, Sa 10–17 Uhr
Keck führt, was früher im Erdgeschoss eines Kaufhauses ausgelegt war und heute nicht mehr einfach zu finden ist: Knöpfe, Bordüren, Nadel, Faden, aber auch Gürtel, Accessoires und Modeschmuck.

■ **Luxury**
Untere Zäune 5
Rathaus (Kreis 1)
Tel. 043 53705 21
www.luxury-shops.com
Di–Fr 12–30–19, Sa 10.30–15.30 Uhr
Was mit einem Internetshop bei eBay begann und später um eine Boutique in einer kleinen Gasse im Oberdorf erweitert wurde, hat sich zu einem wichtigen Anbieter von Vintage-Kleidung, Taschen und Halstüchern entwickelt.

■ **Secondbag**
Freyastr. 21][Aussersihl (Kreis 4)
Tel. 079 664 73 59
www.secondbag.ch
Mi–Fr 12–19, Sa 11–17 Uhr

Markentaschen von Chanel, Gucci, Hermès, Louis Vuitton & Co. aus zweiter Hand.

Musik

■ Musik Hug
Limmatquai 28–30
Rathaus (Kreis 1)
Tel. 044 269 41 41
www.musikhug.ch
Mo–Fr 9–18.30, Sa 9–17 Uhr
Das anno 1807 gegründete Musikhaus handelt mit Noten und Musikinstrumenten von der Flöte bis zum Steinway-Flügel. Wer seinen musikalischen Horizont erwas erweitern möchte, sollte das Kaufhaus bis nach oben durchstöbern. Hug verfügt über einen eigenen Musikverlag.

■ Rena Kaufmann
Fraumünsterstr. 9
Lindenhof (Kreis 1)
Tel. 044 211 21 47
www.renakaufmann.ch
Mo–Fr 9–18.30, Sa 9–17 Uhr
Gut hundertjähriges Musikgeschäft mit hoher Fachkompetenz, angenehmem Ambiente und Untermalung durch ruhige Musik ganz im Gegensatz zu den CD-Abteilungen hiesiger Kaufhäuser. Die Schwerpunkte liegen auf Klassik und Jazz.

Papeterie und Basteln

■ Bookbinders Design
Oberdorfstr. 34
Rathaus (Kreis 1)
Tel. 044 260 32 00
www.bookbindersdesign.ch
Mo–Fr 9.30–18.30, Sa 9.30–17 Uhr
Kalender, Fotoalben, Agenden in saisonalen Farben und weitere gebundene Artikel, auch Maßanfertigung im Geschäft.

Der Laden von Freitag in aufeinandergestapelten Frachtcontainern

■ Leibundgut
Kuttelgasse 8][Lindenhof (Kreis 1)
Tel. 044 211 47 40
www.leibundgutag.ch
Mo–Fr 9.30–19, Sa 9.30–17 Uhr
Die größte Bastel- und Dekorationsboutique in der Altstadt mit schönen und nützlichen Geschenkideen.

Schuhe

■ Bally
Bahnhofstr. 66][Lindenhof (Kreis 1)
Tel. 044 224 39 39][www.bally.com
Die vor 160 Jahren gegründete Schuhfabrik produziert edles Schuhwerk überwiegend im Luxus- und Lifestyle-Segment.

■ Gräb
Oberdorfstr. 27][Rathaus (Kreis 1)
Tel. 044 251 48 66
www.schuhhaus-graeb.ch
Mo–Fr 9–18.30, Sa 9–17 Uhr

Feinste Spitze verkauft das Spitzenhaus Degiacomi

Qualitätsschuhe seit 1882; führt auch
seltene Marken wie Kandahar.

■ SchuhCafé

Münsterhof 10][Lindenhof (Kreis 1)
Tel. 044 222 17 00
www.schuhcafe.ch
Mo–Mi 10–19, Do–Fr 10–20,
Sa 9–16 Uhr
Ähnlich wie »Buch und Tuch« (S. 40)
verbindet auch das SchuhCafé zwei
verschiedene Bereiche in einem Geschäft. Warum nicht eigenwillige
Schuhmode ausprobieren und gleichzeitig Espresso genießen?

Souvenirs und Geschenke

■ Crabtree & Evelyn

Rennweg 25][Lindenhof (Kreis 1)
Tel. 044 221 06 06
Mo–Fr 9–19, Sa 9–18 Uhr
Ein Eldorado für Liebhaber ausgefalle-
ner Geschenkideen: englische Biscuits,
Geschenkdosen , Kosmetikartikel, wun-
derschöne Seifen und Seifenschalen.

■ Heimatwerk

Uraniastr. 1][Lindenhof (Kreis 1)
Tel. 044 222 19 55
www.heimatwerk.ch
Mo–Fr 9–20, Sa 9–18 Uhr

Zeitgenössisches Kunsthandwerk aus
natürlichen Materialien als passende
Quelle für pfiffige Geschenkideen.

■ Teddy's Souvenir-Shop

Limmatquai 34][Rathaus (Kreis 1)
Tel. 044 261 22 89
www.teddyssouvenirshop.ch
Mo–Fr 8.30–20, Sa 8.30–16,
So 11–17 Uhr
Witzige Souvenirs und Geschenkideen
für Besucher aus aller Welt im kleinen
Laden unterhalb des Grossmünsters.

Sport

■ Alprausch

Werdmühleplatz 4
Lindenhof (Kreis 1)
Tel. 043 497 32 00
www.alprausch-shop.com
Mo–Fr 10–19, Sa 10–17 Uhr
Schweizer Snowwear Label zwischen
alpinem Chic und urbanem Straßen-
leben, aus hochwertigen Materialien
gefertigt.

■ Och Sport

Bahnhofstr. 56
Lindenhof (Kreis 1)
Tel. 044 215 21 21
www.ochsport.ch

Mo–Mi 9–18.30, Do–Fr 9–20,
Sa 9–18 Uhr
Von Mode bis hin zu Sportgeräten
finden Sportliebhaber in diesem Tradi-
tionsgeschäft auf drei Etagen alles,
was ihr Herz begehrt.

Wein, Spirituosen und Tabak

■ **Ojo de Agua**
Oetenbachgasse 13
Lindenhof (Kreis 1)
Tel. 044 210 47 00
www.ojodeagua.ch
Mo–Mi 10–22, Do–Sa 10–23 Uhr
Der Kopf der Schweizer Band »Yello«,
Dieter Meier, kaufte 1996 die Farm
»Ojo de Agua« in Argentinien und
pflegt seitdem ökologische Rinder-
zucht, außerdem ist er mit Bioweinen
aus Mendoza aktiv. Das Weinkontor
im Rennwegquartier führt neben dem
Premium Beef auch Kolonialwaren
und weitere Bioprodukte. Das hervor-
ragende Fleisch kann mittags als
Roastbeef und abends als Entrecôte
Double verzehrt werden.

■ **Scot & Scotch**
Wohllebgasse 7
Lindenhof (Kreis 1)
Tel. 044 211 90 60
www.scotandscotch.ch
Di–Fr 15–19, Sa 12–17 Uhr
Spezialgeschäft für Whisky und Whis-
key in handverlesener Auswahl aus
verschiedenen Herkunftsgebieten,
darunter auch Japan und Kanada. Es
gibt sogar Schweizer Whisky. Regelmäßige Whisky-Dinner, Nosing &
Tasting Events.

■ **Tabak Lädeli**
Storchengasse 19
Lindenhof (Kreis 1)
Tel. 044 211 84 27
www.wagner-tabak-laedeli.com
Mo–Fr 9–18.30, Sa 9.30–16.30 Uhr
Das ansprechende Geschäft hat sich
auf handgefertigte Pfeifen aus däni-
scher Familienproduktion spezialisiert.
Genießer finden hier diverse Hausmi-
schungen und entsprechendes Zubehör
von Davidoff & Co., außerdem hoch-
klassige Zigarren.

Spitze wie vor fast hundert Jahren

Seit mehr als neunzig Jahren ermöglicht das Spitzenhaus Degiacomi in einer
Nebengasse vom Paradeplatz ein Einkaufserlebnis wie zu Großmutters Zeiten.
Die handgearbeiteten Textilien aus Spitze stammen aus St. Gallen und anderen
Orten, in denen diese Handwerkskunst noch praktiziert wird, häufig über mehrere Generationen hinweg. Das gilt auch für die Eigentümer, die Geschwister
Selina und Eugenio Degiacomi aus Graubünden. Man mag beim Einkaufen
kaum fragen, ob in diesem Relikt aus guten alten Zeiten überhaupt Kredit-
karten angenommen werden (inzwischen schon). Wer in dieser »Zeitmaschine«
einkehrt, sollte unbedingt bei alten Taschentüchern, Servietten, Spitzenbor-
düren oder bestickter Kleidung zugreifen – denn anderswo findet man ver-
gleichbare Waren heutzutage kaum noch.
Spitzenhaus Degiacomi
Börsenstr. 14][Lindenhof (Kreis 1)][Tel. 044 211 55 76
Mo–Fr 9.30–18.30, Sa 9.30–17 Uhr

Am Abend

Das Zürcher Nachtleben ist sehr abwechslungsreich und experimentierfreudig. Das renommierte Opernhaus und die Tonhalle sorgen für hochkarätige Musikproduktionen in exzellenter Akustik. Das Schauspielhaus mit seinen beiden Bühnen, die zahlreichen Kleintheater sowie Gastspiele internationaler Musicals bieten abwechslungsreiche Vorstellungen.

Ausgeprägt ist darüber hinaus die Szene an Bars und Lounges, ob im Niederdorf, dem trendigen Seefeld, im multikulturellen Langstrassenquartier oder in der neuen Ausgehmeile Zürich-West. Die höchste Clubdichte der Schweiz sowie gute Jazzkonzerte

runden die Möglichkeiten ab, die Nacht zum Tag zu machen.

Theater und Oper

■ **Opernhaus**
Falkenstr. 1][Hochschulen (Kreis 1)
Tel. 044 268 66 66
www.opernhaus.ch
〉 S. 117

■ **Schauspielhaus**
Zeltweg 5][Rathaus (Kreis 1)
Tel. 044 258 70 70
www.schauspielhaus.ch
Neben den Haupthaus im »Pfauen« (〉 S. 127) besteht seit 2000 eine zweite Bühne im »Schiffbau« (〉 S. 99).

■ **Bernhard-Theater**
Falkenstr. 1][Hochschulen (Kreis 1)
Tel. 044 268 66 99
www.bernhardtheater.ch
Das kleine Theater neben dem Opernhaus widmet sich vor allem Mundartstücken von Schauspiel bis Musical.

■ **Theater am Hechtplatz**
Hechtplatz 7][Rathaus (Kreis 1)
Tel. 044 252 32 34
www.theateramhechtplatz.ch
Paradebeispiel der Zürcher Kleintheater im Dörfli. Hier am Hechtplatz wird ein breit angelegtes Programm von Konzerten über Musicals, Kabarett und Autorenlesungen veranstaltet.

■ **Theater am Neumarkt**
Neumarkt 5][Rathaus (Kreis 1)
Tel. 044 252 24 39
www.theaterneumarkt.ch
Das experimentelle Sprechtheater am Neumarkt mit Tuchfühlung zwischen Darstellern und Zuschauern ist häufig ausverkauft; unbedingt vorbestellen.

Aktuelle Ausgehtipps

Das wöchentliche Kulturprogramm steht in der »Züritipp« genannten Beilage des »Tagesanzeigers« (www.zueritipp.ch), außerdem bringt auch die Pendlerzeitung »20 Minuten« die aktuellen Veranstaltungstipps in ihrer Beilage »Friday« (www.20min.ch/friday). Eine umfangreiche Buchungsplattform für Kulturveranstaltungen und Übernachtungen bietet **Zürich Tourismus** (〉 S. 140). Bei **Ticketcorner** können Eintrittskarten online und bei jeder Poststelle und im Hauptbahnhof gebucht werden (www.ticketcorner.ch, Tel. 0900 800 800).

Der prachtvolle neobarocke Zuschauerraum des Opernhauses

■ Theaterhaus Gessnerallee
Gessnerallee 8
City (Kreis 1)
Tel. 044 225 81 10
www.gessnerallee.ch
Das Theater in der einstigen Militär-
reitschule dient der experimentellen
Tanz- und Theaterkunst, häufig werden
auch Konzerte und Jazzfestivals ver-
anstaltet.

Konzerte und Musicals

■ Hallenstadion
Wallisellenstr. 5
Oerlikon (Kreis 11)
Tel. 044 316 77 77
www.hallenstadion.ch
Die größte multifunktionale Arena der
Schweiz für 13 000 Zuschauer dient
den ZSC Lions als Heimstätte ihrer Eis-
hockeyspiele. Das kulturelle Angebot
umfasst Rockkonzerte von Rolling
Stones bis Udo Jürgens, aber auch
spektakuläre Operninszenierungen
wie Aida.

■ Maag MusicHall
Hardstr. 219
Industriequartier (Kreis 5)
Tel. 044 444 26 26
www.maagmusichall.ch
Der Name der Multifunktionshalle
für rund 900 Zuschauer geht auf Max
Maag zurück, der in den Fabrikhallen
auf diesem Gelände vor hundert Jahren begann, Zahnräder zu produzie-
ren. Hier wurden große Schweizer Musicals wie »Deep«, »Ewigi Liebi« und
»Schweizermacher« aus der Taufe
gehoben, häufig finden auch Konzerte
internationaler Popgrößen statt.

■ Theater 11
Thurgauerstr. 7
Oerlikon (Kreis 11)
Tel. 044 318 62 62
www.theater11.ch
Große Eventhalle mit 1500 Sitzplätzen
in Oerlikon, in der überwiegend inter-
nationale Tourneen erfolgreicher Musi-
cal-Klassiker sowie Showevents wie
»Stomp« gastieren.

Das Blue Monkey Im Zunfthaus zur Schneidern

■ **Tonhalle**
Claridenstr. 7][**Enge (Kreis 2)**
Tel. 044 206 34 34
www.tonhalle.ch
> S. 104

Bars und Lounges

■ **4. Akt**
Heinrichstr. 262
Industriequartier (Kreis 5)
Tel. 044 271 03 68
www.4akt.ch
In der Bar gleich gegenüber dem Multiplexkino Abaton beginnt der Abend in der trendigen Ausgehmeile des Zürcher Westens. Das Nachtleben tobt bereits vor der Bar, deren Küche für die Grundlage der ganzen Nacht sorgt.

■ **Acapulco**
Neugasse 56
Industriequartier (Kreis 5)
Tel. 044 272 66 88
www.acapulco.ch
Angesagte Bar mit gemütlicher Backlounge zum Afterwork und Entspannen. Im Untergeschoss geht am Tisch-

fussball (»Töggelichaschte«) die Post ab. Sonntags ab 22 Uhr steht Karaoke auf dem Programm.

■ **Barfussbar**
Stadthausquai 12
Lindenhof (Kreis 1)
Tel. 044 211 95 92
www.barfussbar.ch
Wo sich tagsüber von Mai bis September das weibliche Geschlecht in der Frauenbadi sonnt, steht die Barfussbar am Mittwoch- und Donnerstagabend für alle offen und ermöglicht eine **tolle** **Sicht auf die Limmat** bei lockerer Atmosphäre. Sonntags Freilicht-Disco.

■ **Berta Bar**
Bertastr. 26][**Wiedikon (Kreis 3)**
Tel. 044 461 50 50
www.bertabar.ch
Kleine Quartierbar im gemütlichen Wiedikon am urbanen Idaplatz; im Sommer schöne Außenbestuhlung.

■ **Blue Monkey**
Stüssihofstatt 3][**Rathaus (Kreis 1)**
Tel. 044 261 76 18
www.bluemonkey.ch

Das Zunfthaus zur Schneidern beinhaltet sowohl ein thailändisches Restaurant als auch die stilvolle Monkey Fumoir Bar. **Im Sommer ausgelassene Stimmung** auf der hauseigenen Terrasse im Rosenhof.

■ **Carlton**
Bahnhofstr. 41
Lindenhof (Kreis 1)
Tel. 044 227 19 19][**www.carlton.ch**
Das Carlton ist vor allem durch seine Einrichtung im Stil des Art Déco bekannt. Beliebt sind der English Afternoon Tea am Mittwoch und Samstag sowie die Cocktailbar, **besonders die Afterworkparty am Dienstagabend.** So geschl.

■ **El Lokal**
Gessnerallee 11
City (Kreis 1)
Tel. 043 344 87 50
www.ellokal.ch
Ungezwungene Bar inmitten der »allerletzten Insel an der Sihl« mit Konzerten auf eigener Bühne.

■ **Jules Verne Panorama Bar**
Uraniastr. 9][**Lindenhof (Kreis 1)**
Tel. 043 888 66 66
www.jules-verne.ch
In der romantischen Turmbar unterhalb der einstigen Urania-Sternwarte reicht der atemberaubende Ausblick über Zürich bis ins Alpenpanorama. Eingang durch die Brasserie Lipp.

■ **Longstreetbar**
Langstr. 92
Aussersihl (Kreis 4)
Tel. 044 241 21 72
www.longstreetbar.ch
Wo einst die leichten Mädchen im Rotlichtmilieu für negative Schlagzeilen sorgten, entwickelte sich im unveränderten Interieur eine beliebte, allerdings inzwischen harmlose Bar.

■ **NietturmBar**
Schiffbaustr. 4
Industriequartier (Kreis 5)
Tel. 044 258 70 77
www.nietturm.ch
In einem farbig illuminierten Glaskubus im alten Schiffbaugebäude greifen die Besucher von Bar und Lounge fast nach den Sternen. So/Mo geschl.

■ **Old Fashion Bar**
Fraumünsterstr. 15
Lindenhof (Kreis 1)
Tel. 044 211 10 52
www.oldfashionbar.ch
Ganz traditionell mit rotbraun vertäfelten Holzwänden zeigt sich die Old Fashion Bar seit 1866 bis heute mit nur wenigen Änderungen. Vorn bietet die älteste Bar der Stadt **erlesene Weine** **und Champagnersorten,** hinten einen Essbereich sowie im Sommer eine schöne Terrasse im grünen Innenhof. So geschl.

■ **PurPur**
Seefeldstr. 9][**Mühlebach (Kreis 8)**
Tel. 044 419 20 66
www.purpurzurich.ch
Orientalisches Ambiente in Rot, Braun und Gold wie in 1001 Nacht mit der längsten Bar von Zürich und der Purple Lounge. Das eigene Restaurant serviert mediterrane und asiatische Küche.

Musikklubs und Diskotheken

■ **Escherwyss**
Hardstr. 305
Industriequartier (Kreis 5)
Tel. 044 278 25 66
www.escherwyss.com
Angesagter Club für älteres Publikum mit ausgeprägtem Partyangebot der 80er- und 90er-Jahre (Fr/Sa ab jeweils 23 Uhr). Werktags günstige Menüs im eigenen Restaurant.

Auftritt im Kaufleuten

■ **Indochine**
Limmatstr. 275
Industriequartier (Kreis 5)
Tel. 044 448 11 11
www.club-indochine.com
Wozu die Pariser Buddha-Bar, wenn
das Indochine noch einen Schritt wei-
tergeht und in der Nähe vom Escher-
Wyss-Platz das lebensfrohe Frankreich
mit dem mystischen Orient für alle
Sinne verbindet (Do–Sa ab 23 Uhr).

■ **Kaufleuten**
Pelikanplatz 18
City (Kreis 1)
Tel. 044 225 33 33
www.kaufleuten.ch

 Im **vielleicht bekanntesten Zürcher
Musikclub,** eingerichtet mit viel
Plüsch, treten gelegentlich internationale Popstars auf, daneben gibt es Ka-
barettabende und Autorenlesungen.
Wer nicht auf Disco steht, kann auch
gute Musik im Restaurant hören oder
an der Bar einen Drink und die Gesellschaft der jungen Zürcher genießen.
Club Mo geschl.

■ **Kanzlei**
Kanzleistr. 56][Aussersihl (Kreis 4)
Tel. 044 291 63 11
www.kanzlei.ch
Der Club für jüngere Semester in einer
umgebauten Turnhalle auf dem Kanzleiareal mit Disco, Partys und Konzerten (Do–Sa).

■ **Mascotte**
Theaterstr. 10
Hochschulen (Kreis 1)
Tel. 044 260 15 80
www.mascotte.ch
Das Varieté im Corso am Bellevue war
bereits um 1900 ein Anziehungspunkt
des Zürcher Nachtlebens. Das Mascotte im selben Gebäude gilt als ältes-
ter Club der Stadt und bietet ein
musikalisches Programm mit Live-Auf-
tritten und DJs sowie weitere kulturelle
Anlässe. So geschl.

■ **Palavrion**
Beethovenstr. 32][Enge (Kreis 2)
Tel. 044 286 54 54
www.palavrion.com
Cooler Club neben dem Mövenpick-
Restaurant mit nachgebauter Skihütte
mitten in Zürich. So geschl.

■ **x-tra**
Limmatstr. 118
Industriequartier (Kreis 5)
Tel. 044 448 15 15
www.x-tra.ch
Disco und Konzerte internationaler
Pop- und Rockstars im schalldichten
Gebäude am Limmatplatz mit eigenem
Hotel und Restaurant.

Jazz

■ **Moods**
Schiffbaustr. 6
Industriequartier (Kreis 5)
Tel. 044 276 80 00
www.moods.ch

Der Jazzverein veranstaltet ein ausgewogenes Programm nationaler und internationaler Jazzinterpreten im historischen Schiffbaugebäude. Mo geschl.

■ Widder Bar

Widdergasse 6
Lindenhof (Kreis 1)
Tel. 044 224 29 88
www.widderhotel.ch

Im Ensemble alter Häuser rund um den Rennweg liegt das Hotel Widder mit einer eleganten Bar, die nicht nur bei Hotelgästen, sondern auch bei vielen Zürchern vor allem wegen der regelmäßigen Jazzkonzerte einen ausgezeichneten Ruf besitzt.

Kino

■ Abaton

Heinrichstr. 269
Industriequartier (Kreis 5)
Tel. 0900 556 789
www.kitag.com

Modernes Multiplexkino mit 12 Sälen am Escher-Wyss-Platz mit Ausgehmeile nach dem Film direkt vor der Haustür.

■ Arthouse Kino

Zähringerstr. 44
Rathaus (Kreis 1)
Tel. 044 250 55 40
www.arthouse.ch

Sechs zusammengeschlossene Artkinos an verschiedenen Standorten zeigen künstlerisch wertvolle Filme fernab vom Mainstream.

■ Riff Raff

Neugasse 57
Industriequartier (Kreis 5)
Tel. 044 277 65 65
www.riffraff.ch

Aktuelle Filme in einem Quartierkino neben der Langstrasse, beliebt auch als Bar und Bistro.

Alternative Kultur

■ Cabaret Voltaire

Spiegelgasse 1][**Rathaus (Kreis 1)**
Tel. 043 268 57 20
www.cabaretvoltaire.ch

Im Februar 1916 gründeten Hugo Ball, Tristan Tzara, Hans Arp und weitere Protagonisten des Dadaismus (❯ S. 63) das Cabaret Voltaire. Seit 2004 dient der originale Ort in neuem Interieur wieder als lebendiger Beitrag zur Szene in einer Mischung aus Bar, Café und Kulturbetrieb. Mo geschl.

■ Rote Fabrik

Seestr. 395
Wollishofen (Kreis 2)
Tel. 044 485 58 58
www.rotefabrik.ch

Alternatives Kulturzentrum mit bewegter Vergangenheit. ❯ S. 109

Die angesagtesten Bars

Echt gut!

■ Die **Barfussbar** in der nostalgischen Frauenbadi steht abends beiden Geschlechtern offen. ❯ S. 50

■ Das **Kaufleuten** ist eine Zürcher Institution, bekannt ist vor allem der Club, beliebt auch die Bar. ❯ S. 52

■ Die stilvolle Bar im **Blue Monkey** ist ein Fixpunkt am Puls des Nachtlebens im Niederdorf. ❯ S. 50

■ Wer es gemütlich englisch mag, wird sich in der **Old Fashion Bar** mit ihren vertäfelten Wänden wohlfühlen. ❯ S. 51

■ Nicht nur Banker nippen im **Carlton** an der Bahnhofstrasse am Abend lässig gemixte Cocktails. ❯ S. 51

■ Eine elegante Bar für Jazzabende bietet das aus einem historischen Häuserensemble zusammengesetzte Hotel **Widder** am Rennweg. ❯ S. 53

Land & Leute

Steckbrief][Geschichte im Überblick][
Natur und Umwelt][Die Menschen][Kunst
und Kultur][Feste und Veranstaltungen

Steckbrief

Zürich

Sprache: Deutsch (bzw. Züridütsch)
Religion: 30 % römisch-katholisch,
25 % evangelisch-reformiert, 45 % an-
dere und ohne Glaubensbekenntnis
Währung: Schweizer Franken (CHF
oder SFr.)
Landesvorwahl: 00 41
Zeitzone: MEZ

Fläche: 92 km²
Lage: 47° 22′ nördlicher Breite,
8° 32′ östlicher Länge
Einwohner: 390 000, davon 69 %
Schweizer, 8 % Deutsche, 3 % Italiener,
2 % Portugiesen, 18 % andere
Verwaltungseinheiten: 12 Kreise,
34 Quartiere

Lage und Struktur

Zürich liegt im Norden der
Schweiz am nördlichen Ende des
Zürichsees. Die Grenze nach
Deutschland bei Hohentengen ist
nur 35 km entfernt, nach Bregenz
in Österreich sind es 120 km.

Kaum eine andere Stadt ist so
multikulturell ausgerichtet wie
Zürich, wobei die Einflüsse der
Deutschschweiz überwiegen. Das
Stadtgebiet in seiner heutigen
Ausdehnung geht auf die letzte
Eingemeindung von 1934 zurück.

Zürich ist in 12 Stadtkreise eingeteilt, in denen wiederum jeweils
zwei bis vier der insgesamt
34 Quartiere (Viertel) liegen.
Kreis 1 enthält die Altstadt, Kreis
2 die südwestlichen Quartiere am
Zürichsee, darum herum grup-
pieren sich in einem Halbkreis im
Uhrzeigersinn die Kreise 3 bis 8,
während die Kreise 9 bis 12 einen
zweiten, äußeren Halbkreis im
Norden bilden. Zum Großraum
Zürich gehören die umliegenden
Gemeinden des Kantons Zürich
sowie die Orte entlang des Zürichsees, die bereits in den Kantonen Schwyz und St. Gallen liegen.

Staat und Politik

Die **Schweizerische Eidgenossenschaft** ist ein Bundesstaat mit
stark föderalistischen Zügen. In
den Kompetenzbereich des Bun-
des fallen nur die ausdrücklich in

der Verfassung verankerten Aufgaben wie Außenpolitik, Militär, Zoll, Post oder Sozialversicherung. Die gesetzgebende Gewalt der Eidgenossenschaft liegt in den Händen der vereinigten Bundesversammlung, die sich aus den zwei Kammern Nationalrat und Ständerat zusammensetzt. Die Exekutive ist der siebenköpfige Bundesrat, der, wie auch die Bundesversammlung, seinen Sitz in Bern hat. Er wird für jeweils vier Jahre gewählt. Vorsitzender ist der Bundespräsident, den die Bundesräte aus ihrer Mitte für ein Jahr wählen.

Der Schweiz gliedert sich in 23 **Kantone,** von denen drei in Halbkantone unterteilt sind. Die Kantone sind u. a. zuständig für die Schulen, die Polizeiorganisation und das Gesundheitswesen; daneben haben sie auch die Steuerhoheit. Zürich ist die Hauptstadt des gleichnamigen Kantons, der zu den größten und einwohnerstärksten der Schweiz zählt. Das Parlament des **Kantons Zürich** heißt Kantonsrat; seine 180 Mitglieder kommen im Rathaus zusammen. Die Exekutive ist der Regierungsrat, bestehend aus sieben Mitgliedern.

In der **Stadt Zürich** stellt der Gemeinderat die Legislative. Seine 125 Mitglieder tagen jeden Mittwochabend im Rathaus in öffentlicher Sitzung. Der aus neun Mitgliedern gebildete Stadtrat bildet die Regierung der Stadt Zürich und tagt im Stadthaus. Beide Organe werden alle vier Jahre neu gewählt.

Schokolade ist ein wichtiger Wirtschaftszweig in der Schweiz

Wirtschaft

Eine Hauptsäule der Schweizer Wirtschaft ist der Dienstleistungssektor (Banken, Versicherungen, Tourismus) – und Zürich hat sich als dessen Metropole etabliert. Der Ballungsraum erwirtschaftet etwa ein Drittel des schweizerischen Bruttosozialprodukts.

Wichtigste Industriezweige im Großraum Zürich sind seit jeher Maschinenbau und Textilindustrie, auch wenn die großen Betriebe aus dem Stadtgebiet verschwunden sind. Den nördlichen Stadtteil Oerlikon prägte einst der Konzern ABB, im Westen waren Escher Wyss und die Maag-Werke vertreten. In vielen Industriebrachen ist inzwischen neues Leben eingekehrt, überwiegend im Dienstleistungssektor.

Die bekanntesten Produkte aus der Stadt Zürich gehören zum Lebens- und Genussmittelbereich, etwa die Schokoladenmarke Lindt & Sprüngli oder die Gebäckkreationen »Zürcher Hüppen« und »Züri-Tirggel«.

Geschichte im Überblick

Ab 4000 v.Chr. Am Zürichsee entstehen Pfahlbausiedlungen.

Ab 400 v.Chr. Zwischen Bodensee und Genfer See siedeln die keltischen Helvetier.

15 v.Chr. Die Römer gründen die Zollstation Turicum auf dem heutigen Lindenhof, davon leitet sich der Name Zürich ab.

1.–3. Jh. Die Römer erobern den Alpenraum, ihre Spuren sind zwischen Basel und Zürich noch heute sichtbar.

5.–11. Jh. Nach dem Abzug der Römer beherrschen Alemannen und Schwaben das Terrain.

7.–8. Jh. Irische Mönche bringen das Christentum in die Nordschweiz. Erste Klöster entstehen u. a. in Luzern und St. Gallen.

10. Jh. Zürich erhält das Stadtrecht.

1291 Im Kampf gegen die Hausmachtpolitik der Habsburger schließen die drei »Waldstätte« Uri, Schwyz und Unterwalden am 1. August den »Ewigen Bund« und gründen die Eidgenossenschaft.

1336 Zürich erhält eine neue Verfassung, die »Brunsche Zunftverfasung«, die den Einfluss der Kaufleute und Ritter beschränkt. Die Handwerker dürfen sich in Zünften zusammenschließen und erhalten ein Mitspracherecht in der Politik.

1348/49 Die Pest wütet in der Stadt und dezimiert die Zürcher Bevölkerung beträchtlich.

1351 Zürich schließt sich als zweite Stadt nach Luzern der Eidgenossenschaft an.

1436 Nach dem Tod des kinderlosen Grafen von Toggenburg kommt es zwischen Zürich und Schwyz zum Streit um dessen Erbe (»Alter Zürichkrieg«).

1523–1528 Huldrych Zwinglis Reformation breitet sich von Zürich bis ins Mittelland aus.

1618–1648 Im Dreißigjährigen Krieg bleibt die Schweiz neutral, im Westfälischen Frieden wird ihre Souveränität anerkannt.

1780 Die »Zürcher Zeitung« wird gegründet (seit 1821 mit Zusatz »Neue«).

18. Jh. Zürich erlebt durch das Wirken bedeutender Persönlichkeiten (Bodmer, Breitinger, Gessner, Lavater, Pestalozzi) eine kulturelle Blütezeit.

1798 Die Eroberung der Schweiz durch Napoleon setzt der alten Eidgenossenschaft ein Ende. Sie wird in einen Einheitsstaat nach französischem Vorbild umgewandelt. Zürich wird erst von Österreichern und dann von Franzosen eingenommen.

1803 Der Kanton Zürich wird durch die Mediationsakte wieder hergestellt.

1804 In Zürich kommt es zu Auseinandersetzungen zwischen Stadt und Land (Bockenkrieg).

1805 Hans Caspar Escher gründet die erste mechanische Spinnerei in Zürich.

1815 Nach dem Wiener Kongress wächst die Eidgenossenschaft mit Genf, Neuchâtel und dem Wallis auf 22 Kantone an.

1833 Die Stadtbefestigung wird abgerissen und die Universität Zürich gegründet.

1847 Eröffnung der ersten Eisenbahnlinie Zürich–Baden (»Spanisch-Brötli-Bahn«).

1864 Gottfried Semper vollendet die Eidgenössische Technische Hochschule (ETH). Die Bahnhofstrasse entsteht nach dem Zuschütten des bisherigen Fröschengrabens.

1871 Der Hauptbahnhof erhält seine heutige Gestalt.

1893 Stadterweiterung um ein Dutzend bisheriger Vororte; eine zweite Erweiterung folgt 1934.

1914–1918/1939–1945 In den Weltkriegen bleibt die Schweiz neutral.

1971 Einführung des Frauenstimm- und -wahlrechts auf Bundesebene.

1980 Bei Hausbesetzungen in Zürich liefern sich Jugendliche erneut Kämpfe mit der Polizei (»Opernhauskrawalle«).

1986 Die Bevölkerung stimmt gegen den Beitritt zur UNO.

1990 Eröffnung der Zürcher S-Bahn.

1999 Die Schweiz erhält eine neue Verfassung.

2001 Insolvenz der legendären Fluggesellschaft Swissair.

2002 Nach knappem Volksentscheid tritt die Schweiz der UNO bei.

2008 Mehrere Gruppenspiele der Fußball-Europameisterschaft werden in Zürich ausgetragen. Im Dezember wird der Schweizer Beitritt zum Schengener Abkommen vollzogen.

2009 Die Westumfahrung wird eröffnet und entlastet die Stadtviertel vom Durchgangsverkehr.

2011 Mit dem 126 m hohen Prime Tower entsteht das höchste Gebäude der Schweiz.

Natur und Umwelt

Zürichsee, Limmat und Sihl

Der Zürichsee entstand während verschiedener Eiszeiten aus dem einstigen Linthgletscher, dessen Beginn etwa im Kanton Glarus liegt. Mit 89 km² ist er zwar nur der sechstgrößte See der Schweiz, gibt der Wirtschaftsmetropole jedoch ein positives Lebensgefühl. Die **Limmat** fließt aus dem Zürichsee bis in die Aare, ist jedoch ab dem Zürcher Westen nicht mehr schiffbar. Die weniger bekannte **Sihl** stammt aus der Innerschweiz und mündet am Platzspitz hinter dem Landesmuseum in die Limmat. Überdies verfügt Zürich mit 40 Badeanlagen über die größte Bäderdichte der Welt. Das Trinkwasser ist so sauber, dass es auch unter dem Label ZH_2O in Edelstahlflaschen verkauft wird.

Grüne Oasen

Der Stadtplan beweist, was das innerstädtische Häusermeer nicht auf dem
ersten Blick preisgibt: mehr als ein Drittel des Stadtgebiets ist von Parkanlagen,
Grünflächen und Waldgebiet bedeckt.

Der Stadtwald

Der insgesamt gut 2200 ha umfassende Stadtwald erstreckt sich über praktisch alle Hausberge. Das größte zusammenhängende Stück liegt am **Uetliberg**
〉 S. 132 im Südwesten. Wer Ausflüge auf den **Zürichberg** zum Zoo 〉 S. 128
oder auf den benachbarten **Adlisberg** zum Dolder 〉 S. 130 unternimmt, sollte
unbedingt den Stadtwald durchwandern und hat dabei gute Chancen, Wildtiere
zu sehen: Nach aktuellen Schätzungen leben 1000 Füchse und 240 Rehe im
Gebiet. Auf dem Weg nach Luzern an der Nationalstraße 4 liegt der **Sihlwald**.

Grünanlagen im Zentrum

Als Zürich noch ein kleines Dorf war, stellte der **Lindenhof** 〉 S. 74 die einzige
öffentlich zugängliche Grünfläche dar. Inzwischen findet man Grünanlagen auch
am Platzspitz hinter dem **Landesmuseum** 〉 S. 92 und an mehreren Stellen des
1830 errichteten **Schanzengrabens,** vor allem in Höhe des **Völkerkundemu-
seums** 〉 S. 79. Am linken Seeufer ermöglichen das 1887 angelegte **Arboretum**
〉 S. 104 und der Abschnitt zwischen Sukkulentensammlung und **Landiwiese**
〉 S. 109 einen nicht überlaufenen Besuch im Grünen. Am meisten genutzt wird
das weitläufige Gebiet am **Zürichhorn** 〉 S. 119 am rechten Seeufer.

Parkanlagen und Villen

Als Zürich sich zu einer Wirtschaftsmetropole entwickelte und reiche Kaufleute
als Zeichen ihres wachsenden Wohlstands Villengärten anlegten, entstanden
erholsame Refugien. Viele sind heute öffentlich zugänglich, etwa der Rieterpark
um das **Museum Rietberg** 〉 S. 107, der **Belvoirpark** 〉 S. 108 gegenüber sowie
der Park der **Villa Patumbah** 〉 S. 120.

Landschaft und Gebirge

Zürich gehört geologisch zum Schweizer Mittelland, neben dem Jura und den Alpen eine der drei großen Landschaften der Eidgenossenschaft. Über den Zürichsee hinweg bietet sich bei gutem Wetter ein prachtvoller Blick auf die nahe gelegene Alpenwelt der Zentralschweiz. Die auf 409 m Höhe gelegene Limmatmetropole ist von einigen Hügelketten umgeben. Hausberg und beliebtes Naherholungsziel der Stadt ist der 871 m hohe **Uetliberg** im Südwesten. Die Ausläufer des Pfannenstiel-Höhenzugs reichen vom nördlichen Seeufer etwa bei Egg ins Stadtgebiet zu den Hügeln **Adlisberg** (701 m), **Zürichberg** (676 m), **Hönggerberg** (541 m) und **Käferberg** (571 m).

Die Menschen

Sind die Bewohner der Schweiz nach Herkunft und Sprache ohnehin schon recht verschieden, ist Zürich dank seiner multikulturellen Bevölkerung, der Universitäten und der hier ansässigen internationalen Firmen noch durchmischter.

Jeder dritte Einwohner der Stadt ist Ausländer, Tendenz ebenso steigend wie das Bevölkerungswachstum der Stadt von 340 000 anno 2001 auf 390 000 im Jahr 2011. Durch die schrittweise in Kraft getretene Personenfreizügigkeit aufgrund der bilateralen Verträge mit den EU-Staaten fällt vor allem der stark angestiegene Anteil der in Scharen angekommenen deutschen Mitbewohner auf.

Gesprochen wird von der eingesessenen Schweizer Bevölkerung Züridütsch, eine im Vergleich zu Berndeutsch oder den Mundarten in der Zentralschweiz weniger ausgeprägte Spielart des Schweizerdeutschen. Schon im Nachbarkanton Aargau werden viele Worte anders ausgedrückt. Natürlich versteht der Schweizer auch Hochdeutsch, spricht häufig jedoch nur Schriftdeutsch (was im deutschen Fernsehen manchmal noch untertitelt wird). Die Schweizer Orthografie kennt kein »ß«, sondern schreibt durchgängig Doppel-s; Schreibweisen wie »Bahnhofstrasse« und »Grossmünster« sind daher üblich und werden auch in diesem Reiseführer verwendet.

Züridütsch

Wer näher in die Mundart der Limmatmetropole eintauchen, sie vielleicht sogar selbst anwenden möchte, dem seien die Sprachführer von **Viktor Schobinger** zu empfehlen, erhältlich in der Buchhandlung Beer (❯ S. 40). Fortgeschrittene wagen sich an Regionalkrimis und historische Romane (www.zerituetsch.ch).

Kunst und Kultur

Architektur

Trotz einer zwei Jahrtausende umspannenden Geschichte waren vor allem die letzten Jahrhunderte entscheidend für die Errungenschaften in Kunst und Kultur. Die führende Rolle Zürichs innerhalb der Eidgenossenschaft drückt sich nicht zuletzt in der Architektur aus, die vor allem durch den industriellen Aufschwung im 19. Jh. sowie in den letzten zwei Jahrzehnten durch die Umwandlung in eine Dienstleistungsgesellschaft geprägt wurde.

Aus der Gotik stammen ein paar bemerkenswerte Sakralbauten, darunter das Fraumünster oder der Chor der Zürcher Predigerkirche. Deutliche Züge der Renaissance zeigt u. a. das Rathaus an der Limmat. Die Mehrheit der Zunfthäuser wurde etwas später im Barock und im Rokoko errichtet.

Mit der aufkeimenden Industrialisierung verlagerte sich die Bautätigkeit zunächst auf den Infrastrukturbereich. Es entstanden Bahnhöfe, Fabriken, Geschäftshäuser und große Hotels überwiegend im historisierenden Stil; als Beispiele seien der Zürcher Hauptbahnhof und die Eidgenössische Technische Hochschule (ETH) von Gottfried Semper genannt. Klassische Architekturelemente dominieren auch die prunkvollen Paläste mancher Banken und Versicherungen am Paradeplatz. Der Stadtplaner Arnold Bürkli erstellte Baupläne für die Zürcher Stadtteile und schuf die Quaianlage am Ufer des Zürichsees.

Die 1930er-Jahre brachten die klassische Moderne mit dem Bauhausstil nach Zürich, nach dem Zweiten Weltkrieg wurde im Zentrum gebaut, wie es der damaligen Zeit entsprach – der heutige, etwas willkürliche Mix entstand.

Zur Jahrtausendwende setzte eine konsequente Umwandlung der Industriebrachen ein, Quartiere wie Oerlikon oder Zürich-West wandelten ihren Charakter völlig und entwickelten ein urbanes Lebensgefühl, das sich schnell auf die Gastronomie- und Kulturszene übertrug. Der 2011 eröffnete Prime Tower, mit 126 m höchstes Gebäude der Schweiz, markiert den vorläufigen Höhepunkt dieser Epoche.

Kunst und Malerei

Auch wenn Basel als *die* schweizerische Kunstmetropole gilt, gehört Zürich zu den führenden Kunsthandelsstädten der Welt, mit Fokus auf zeitgenössischer Kunst. Neben den Auktionshäusern Sotheby's, Christie's und Koller fällt vor allem die Galeriedichte mit mehr als 100 überwiegend im Zentrum gelegenen Galerien auf. Etwa ein Drittel der Zürcher Museen widmet sich der Kunst, am bekanntesten sind das

Kunsthaus ❭ S. 126 mit der bedeutenden Modernesammlung sowie das **Museum Rietberg** ❭ S. 107 mit außereuropäischer Kunst. Der russische Künstler Marc Chagall schuf die Fenster im Chor des **Fraumünsters** ❭ S. 76. Auch im öffentlichen Raum sind Kunstwerke zu bestaunen, etwa die Skulptur Heureka von Jean Tinguely am **Zürichhorn** ❭ S. 119.

Literatur

Zürichs kulturelle Blütezeit begann im 18. Jh. mit dem Wirken bedeutender Persönlichkeiten wie den Historikern **Johann Bodmer** (1698 bis 1783) und **Johann Breitinger** (1701–1776) sowie dem Schriftsteller **Salomon Gessner** (1730–1788). Johann Wolfgang von Goethe besuchte in Zürich seinen Freund **Johann Caspar Lavater** (1741–1801), den Verfasser der originellen »Physiognomien«; **Heinrich Pestalozzi** (1746–1827) veröffentlichte hier sein pädagogisches Werk »Lienhard und Gertrud«.

Das literarische Leben in der zweiten Hälfte des 19. Jhs. wurde von den Zürchern **Gottfried Keller** (1819–1890) und **Conrad Ferdinand Meyer** (1825–1898) geprägt. Die »Heidi«-Autorin **Johanna Spyri** (1827–1901) arbeitete als Stadtschreiberin in Zürich und verfasste dort einen Teil ihrer Erzählungen und Romane.

Der irische Autor **James Joyce** (1882–1941) schrieb in Zürich einen großen Teil seines »Ulysses« und starb in der Limmatstadt. **Thomas Mann** (1875–1955) wohnte auf beiden Seiten des Zürichsees in Küsnacht und Kilchberg.

Einige in Zürich wirkende Schweizer Schriftsteller des 20. Jhs. errangen auch im Ausland beträchtlichen Ruhm. **Max Frisch** (1911–1991) verfasste nicht nur Romane und Theaterstücke, sondern betätigte sich auch als Architekt. **Friedrich Dürrenmatt** (1921–1990) schuf vor allem Theaterstücke und Hörspiele, darunter »Die Physiker«, die wie andere am Zürcher Schauspielhaus uraufgeführt wurden.

Dadaismus

Avantgardistische Künstler rund um die noch heute bekannten Namen Hugo Ball, Hans Arp und Tristan Tzara gründeten 1916 im **Cabaret Voltaire** an der Spiegelgasse 1 die Kunstrichtung des Dada – aus »Protest gegen den Wahnsinn der Zeit«. In einer Aufbruchstimmung während des Ersten Weltkriegs versammelten sich Literaten, Maler und Musiker, um die Kunst als solche in Frage zu stellen und eine improvisierte, revolutionäre Stilrichtung zu erschaffen. Als diese nur ein knappes Jahr später in einer geordneten Kunstform mündete, löste sich die Dada-Bewegung wieder auf. Tatsächlich fanden einige Impulse in den nachfolgenden Epochen eine Fortsetzung. Das Cabaret Voltaire ist seit 2004 wieder geöffnet (❭ S. 53 und S. 83).

Dürrenmatt war befreundet mit dem weitgereisten Philosophen und Romanautor **Hugo Lötscher** (1929–2009). Bekannt geworden durch seine ironisch-kritischen Romane, Erzählungen und Theaterstücke ist auch **Adolf Muschg** (geb. 1934). Gegenwärtige erfolgreiche Autoren sind **Urs Widmer** (geb. 1938), der Kolumnist und Romanautor **Martin Suter** (geb. 1948) sowie der Drehbuchautor und Schriftsteller **Charles Lewinsky** (geb. 1946).

Musik und Theater

Den Anfang der kulturellen Blütezeit Zürichs bildete die »Manessische Handschrift«: eine reich illustrierte Sammlung von Minneliedern aus der ersten Hälfte des 14. Jhs. Musik spielte in den folgenden Jahrhunderten eine wichtige Rolle. Auch wenn Zürich keine eigenen Komponisten von Rang vorweisen kann, verfasste hier immerhin **Richard Wagner** (1813–1883) Teile seiner Opern und dirigierte im einstigen Aktien-Theater. Neueren Datums ist der aus Zürich stammende vielseitige Musiker und Künstler **Dieter Meier** (geb. 1945), Kopf des Pop-duos »Yello« und Eigentümer einer Biofarm in Argentinien (seine Erzeugnisse verkauft er in seinem Geschäft Ojo de Aguas, › S. 47).

Überregional bedeutende Aufführungsorte für Musik und Theater sind das **Opernhaus** › S. 117, die **Tonhalle** › S. 104 und das Zürcher **Schauspielhaus** › S. 127, das bedeutendste Sprechtheater der Schweiz. Inzwischen hat sich in Zürich auch eine vielfältige Kleintheaterszene mit experientellen Aufführungen und Mundartstücken entwickelt.

Film

Die Medienstadt Zürich mit dem öffentlich-rechtlichen Schweizer Fernsehen und dem Schweizer Radio DRS ist zugleich Zentrum der Filmindustrie. Zwei Drittel der Schweizer Filmproduktionsgesellschaf-

Street Parade

Die Zürcher Street Parade hat sich innerhalb von zwei Dekaden zur langlebigsten und farbigsten House- und Technoparade entwickelt. Anfangs mit 1000 Ravern noch belächelt, schätzte man schon 2001 die Teilnehmerzahl auf eine volle Million. Aus den ursprünglichen Idealen für Liebe, Freiheit und Toleranz wurde längst ein kommerzialisierter Massenevent zum puren Spaß bei teilweise extremen Temperaturen am zweiten Samstag im August.

Zum Sound aus den im Schritttempo durch die Altstadt ruckelnden »Love Mobiles« lassen sich Tanzwütige zu den Rhythmen bekannter DJs am Ufer des Zürichsees vom Seefeld bis nach Wollishofen treiben. Am Abend geht die Party in der Zürcher Clubszene munter weiter bis in die frühen Morgenstunden (www.streetparade.com).

ten siedeln meist in der Umgebung des Fernsehens in Zürich-Oerlikon. Kein Wunder, dass die meisten auch im Ausland bekannten Schweizer Streifen, vom Heimatfilm bis zu gesellschaftskritischen Werken, in Zürich gedreht wurden. Oft kam die Stadt sogar selbst vor. Auch einige ausländische Filmemacher haben Zürich als Standort entdeckt, wie die Hollywood-Produktionen »Der Informant« (2008) mit Matt Damon und »Verblendung« (2011) mit Daniel Craig belegen.

Seit 2005 wird jährlich das **Zürich Film Festival** (ZFF) veranstaltet, das im Gegensatz zum berühmteren Filmfestival von Locarno nicht den Stars einen weiteren roten Teppich bieten will, sondern vor allem Nachwuchsregisseure und Drehbuchautoren fördert. Mehr als 50 000 Zuschauer pilgern pro Jahr zum Bellevue sowie zu den Kinos Corso und Arthouse Le Paris (www.zurichfilmfestival.org).

Feste und Veranstaltungen

Festkalender

Ende Januar: Mercedes-CSI, das höchstdotierte Hallenspringreitturnier der Welt.

Dritter Montag im April: Sechseläuten am Bellevue (> S.117).

Zürich Marathon durchs Zentrum und am Zürichsee entlang.

Juli: Zürcher Festspiele mit Theater, Oper, Musik. Das **Seenachtsfest** findet alle drei Jahre statt (das nächste Mal 2013) und bietet ein Riesenspektal.

August: Die **Street Parade** verwandelt das Zentrum bis zum See in einen riesigen Techno-Dancefloor. In der zweiten Monatshälfte versammelt das **Zürcher Theater-Spektakel** auf der Landiwiese internationale Theatergruppen, Straßenkünstler und Musiker. Am letzten Wochenende des Monats lockt das **Dörflifescht** in den Ausgang im Niederdorf.

September: Wettschießen der Jugend beim **Knabenschießen** (zweites Wochenende sowie Montagnachmittag). Internationales **Filmfestival** am Bellevue-Platz und in den wichtigsten Kinos der Stadt. Das Trendsportfestival **Freestyle** Ende September auf der Landiwiese ist das größte seiner Art in Europa.

Oktober: Mitte des Monats zeigt die **Art International** zeitgenössische Kunst im Kongresshaus.

November: Beim Brauch der **Räbenlichter** ziehen Kinder mit ausgehöhlten Kürbissen als Lampions abends durch die Orte im Kanton Zürich. Die Messe **Blickfang** ist eine Plattform für junges Design.

Dezember: Überdachter witterungsunabhängiger **Christkindlimarkt** im ShopVille (Hauptbahnhof) mit 160 dekorierten Marktständen.

Unterwegs in Zürich

Entdecken Sie die einzelnen Reiseregionen –
jeweils mit den schönsten Touren, allem
Sehens- und Erlebenswerten, Hotel-, Restaurant-,
Nightlife- und Shoppingtipps

Altstadt

Nicht verpassen!

- Vom Lindenhof aus den Blick über das »Dörfli« schweifen lassen
- In der Jules Verne Panorama Bar im Turm der einstigen Sternwarte den Abend einläuten
- Auf den mittelalterlichen Spuren des Gassenlabyrinths rund um die Schipfe wandeln
- Die Chagall-Fenster des Fraumünsters bestaunen
- Das Zürcher Nachtleben im Niederdorf genießen

Zur Orientierung

Die Zürcher Altstadt als Herz der heimlichen Hauptstadt der Schweiz grenzt unmittelbar an den Zürichsee, den sechstgrößten See des Landes. Bereits vor 2000 Jahren gründeten die Römer auf dem heutigen Lindenhof eine Zollstation, Turicum, die der Stadt später ihren Namen gab. Der Platz bietet einen herrlichen Blick auf das historische Zürich.

Verwaltungstechnisch als Kreis 1 bezeichnet, erstreckt sich die Altstadt vom Landesmuseum hinter dem Bahnhof bis zum Zürichsee. Im Westen wird sie von der Sihl bzw. vom Schanzengraben begrenzt, im Osten von der Anhöhe, auf der die ETH und die Universität stehen. Die Quartiere der linken, westlichen Limmatseite heißen City und Lindenhof, die Viertel rechts werden mit Rathaus und Hochschulen bezeichnet. Der Volksmund nennt das rechte Limmatufer einfach »Dörfli«, nach den historischen Teilen Niederdorf und Oberdorf. Der linke hieß im Mittelalter noch »mindere«, also kleinere Stadt, im Gegensatz zur »mehreren« Stadt auf der östlichen Limmatseite.

Zürich ist mit seinen 390 000 Einwohnern zwar die größte Stadt der Schweiz, angesichts des eng bebauten Stadtkerns beiderseits der Limmat lässt sich jedoch

Schmucke Fassaden in der Augustinergasse

Die Schipfe, vom Wasser aus gesehen

kaum von weltstädtischen Dimensionen sprechen. Nicht einmal die Bahnhofstrasse, das berühmte »Schaufenster der Schweiz«, kann sich mit den riesigen Boulevards mancher europäischer Großstädte messen – was angesichts der astronomischen Bodenpreise allerdings auch nicht verwundert. Doch gerade die Überschaubarkeit, das Nebeneinander von Alt und Neu sowie der manchmal etwas provinzielle Charakter machen den Reiz der Stadt aus.

Viele Bereiche auf beiden Seiten der Limmat ermöglichen als Fußgängerzone eine unbeschwerte Stadtbesichtigung zu Fuß. Seit auch das Limmatquai zwischen Rudolf-Brun-Brücke und Utoquai verkehrsberuhigt wurde, drängen sich die Fahrzeugkolonnen durch den Seilergraben zum Central. Vor allem nachmittags ist der von Polizisten geregelte Kreisverkehr dort oft hoffnungslos überlastet.

Touren in der Altstadt

Entlang der Bahnhofstrasse

– ❶ – *Hauptbahnhof ›
*Bahnhofstrasse › *Lindenhof
› Paradeplatz › Bürkliplatz

Dauer: 4-5 Std. zu Fuß
Praktische Hinweise: Idealerweise am Vormittag, weil die Gassen dann noch nicht überfüllt sind. Tour 1 lässt sich ab Bürkliplatz mit Tour 2 in umgekehrter Reihenfolge verbinden, wobei man wieder zum Hauptbahnhof als Startpunkt zurückkehrt.

*Hauptbahnhof ❶

Am nordwestlichen Ende der Altstadt entstand bereits 1847 ein Bahnhof, als die erste Eisenbahnstrecke der Schweiz zwischen Zürich und Baden eröffnet wurde. Der Volksmund gab der Linie den Namen »Spanisch-Brötli-Bahn« aufgrund des in Baden hergestellten Blätterteiggebäcks, das dank der Bahn schneller nach Zürich transportiert werden konnte.

Der Architekt Jakob Friedrich Wanner errichtete bereits 1871 den größeren Neubau im Stil der Neorenaissance, das heutige Hauptgebäude. Damals führten noch vier Gleise direkt in die Haupthalle der als Kopfbahnhof ausgelegten Anlage. 1933 wurde die Querhalle errichtet und die Überdachung der Gleise vorgenommen, seitdem dient die Halle anderen Zwecken: Marktständen, Messen, dem größten überdachten Weihnachtsmarkt Europas und sogar Sommerkino und Konzertaufführungen. In der weitläufigen Halle wacht seit 1997 eine fliegende »Nana«-Skulptur von Niki de Saint Phalle als **Schutzengel** über die Reisenden. Vorne rechts ist das Büro von Zürich Tourismus (› S. 140) die erste Anlaufstelle für Besucher der Stadt.

Täglich durchqueren mehr als 350 000 Reisende den Hauptbahnhof als Umstiegs- oder Endstation – und erleben ihn derzeit als Baustelle bei vollem Betrieb. Einige der tiefergelegten Gleisanlagen dienen der durchfahrenden S-Bahn, bis 2013 soll ein weiterer unterirdischer Durchgangsbahnhof entstehen.

Unterhalb des Bahnhofs liegt das Einkaufszentrum **ShopVille,** dessen Läden und Dienstleistungsunternehmen werktags bis 21 und am Wochenende (auch am Sonntag!) bis 20 Uhr geöffnet sind.

Über dem mächtigen Triumphtor zur Bahnhofstrasse hin thront die **Helvetia** in der Mitte einer allegorischen Figurengruppe; die Skulpturen an den Seiten verkörpern den Schienen- und den Schiffsverkehr.

Der **Bahnhofplatz** ist aufgrund von Unterführung und Einkaufszentrum vor allem ein viel befah-

Echt gut!

rener Verkehrsknotenpunkt sowie die Haltestelle von mehreren Tramlininen. Das Zentrum des Platzes bildet das **Alfred-Escher-Denkmal** mit Brunnen und monumentaler Bronzestatue. Der visionäre Blick des Gründers von Gotthardbahn und Schweizerischer Kreditanstalt (der heutigen Credit Suisse) weist entlang der Bahnhofstrasse zum See.

2 *Bahnhof-strasse **2**

Sie ist wohl *das* Aushängeschild Zürichs und zählt zu den teuersten Einkaufsmeilen Europas: die Bahnhofstrasse, die erst 1867 duch Zuschüttung des einstigen Fröschengrabens und Verdrängung der mittelalterlichen Wehranlagen entstand. Über 1,4 km führt der Weg vom Bahnhofplatz bis zum Bürkliplatz am Zürichsee. Mit Ausnahme der Überquerung an der Uraniastrasse ist die Bahnhofstrasse weitgehend autofrei und wird von Fußgängern und den Trams geprägt. Der im Zürcher Exil lebende irische Schriftsteller James Joyce (1882–1941) meinte nicht ganz zu Unrecht, die Bahnhofstrasse sei so sauber, dass man eine Minestrone direkt von ihr auslöffeln könne.

Im vom Bahnhof aus gesehen vorderen Teil reihen sich Kaufhäuser wie Manor, Globus und etwas versetzt Jelmoli aneinander, ergänzt um eine Vielfalt an Boutiquen bekannter Modelabels. Leider wurde manches alteingesessene Fachgeschäft dadurch von internationalen Ketten verdrängt.

In der Bahnhofstrasse

Bei der Chronometrie Beyer, dem ältesten Schweizer Uhrengeschäft (1760), lohnt sich der Weg ins **Museum der Zeitmessung** im Untergeschoss, wo neben modernen Hightech-Produkten auch alte Sonnen- und Holzraduhren ausgestellt sind (Nr. 31, www.beyer-ch.ch, Mo–Fr 14–18 Uhr).

Nur wenige Schritte südlich des Bahnhofplatzes, vor dem Kaufhaus Globus, steht rechts in einer kleinen Grünanlage das 1899 geschaffene **Pestalozzi-Denkmal** für den in Zürich geborenen Pädagogen und Sozialforscher (1746 bis 1824). Hier war früher der Hinrichtungsplatz der Stadt.

Auch Werke moderner Kunst setzen in der Bahnhofstrasse Akzente, etwa die aus Granitquadern bestehende **Pavillon-Skulptur** des Schweizer Künstlers Max Bill (1908–1994) direkt vor der Bank UBS an der Einmündung der Pelikanstrasse oder die 7 m hohe Edelstahlplastik »**Der grosse Aufschwung**« von Silvio Mattioli (1929–2011) vor der Confiserie Sprüngli am Paradeplatz.

Urania-Sternwarte 3

In der Uraniastrasse, die die Bahnhofstrasse kreuzt, fällt der fast
50 m hohe Turm der Volksstern-
warte auf (Nr. 9, Tel. 043 317 16 40,
www.urania-sternwarte.ch, Führungen Do–Sa 20 Uhr).

Zum hundertjährigen Jubiläum
nach der Eröffnung anno 1907
wurde das 12 Tonnen schwere Te-
leskop beim Hersteller Carl Zeiss
in Jena restauriert. Von hier kann
man bei günstiger Witterung
abends den Sternenhimmel erfor-

schen oder zumindest von der **originellen Jules Verne Panoramabar** (❯ S. 51) über Zürichs Dächer schauen. Mit dem Begriff Urania verbinden viele Zürcher übrigens das daneben gelegene Parkhaus.

Giacometti-Halle **4**

Auf einer Brücke wird die Lindenhofstrasse über die Uraniastrasse geführt. Breit angelegte Fußgängertreppen gehen hinauf auf diese Brücke, die einen ersten Rundblick auf die Grünflächen des Sihlbühlhügels ermöglicht.

Auf dem Areal der heutigen Uraniastrasse stand im 13. Jh. das Dominikanerinnenkloster Oetenbach, das erst Anfang des 20. Jhs. abgerissen wurde. Nur das einstige Waisenhaus blieb stehen und wurde von Gustav Gull, dem Architekten des Landesmuseums, in ein **Amtshaus** umgebaut, heute der Hauptsitz des Polizeidepartements. Da die Uraniastrasse tiefer liegt als das damalige Erdgeschoss, wurde ein Gewölbekeller zum Eingangsbereich des Gebäudes. 1925 stattete der Maler Augusto Giacometti (1877–1947) das Foyer der heutigen Polizeihauptwache mit Wand- und Gewölbemalereien aus. Die auch »Blüemlihalle« genannte versteckte Sehenswürdigkeit mit ihrer warmen Farbgestaltung sollte man gesehen haben, auch wenn eigentlich kein Besuch bei der Polizei eingeplant war – lediglich ein Ausweis muss vorgezeigt werden (Bahnhofquai 3, tgl. 9–11, 14–16 Uhr).

Entlang der Oetenbachgasse führt die Tour weiter zur **Rudolf-Brun-Brücke,** benannt nach dem einstigen Bürgermeister zur Zeit der Zunftrevolution von 1336. Im Eckhaus verkauft das **Schweizer Heimatwerk** volkstümliche Geschenkideen von Kunsthandwerkern (Uraniastr. 1; ❯ S. 46).

*Schipfe 5

Die kleine Gasse an der Limmat, die von der Rudolf-Brun-Brücke bis zur Rathausbrücke führt, zählt zu den idyllischsten Ecken der Altstadt. Der Kontrast zur unweit gelegenen Bahnhofstrasse mit ihren großen Shoppingpalästen könnte kaum größer sein.

Im 13. Jh. wurden an dieser Stelle Waren umgeschlagen; vom Abstoßen (»Schubsen«) der Boote hat sich der Name entwickelt. Um den mittelalterlichen Charakter zu schützen, siedeln bis heute kleine Handwerksbetriebe mit ihren Werkstätten in den historischen Häusern, von denen viele ihre eigene Geschichte haben – die blauen Denkmalschutzschilder geben bereitwillig Auskunft. Bei schönem Wetter stellen die Gastwirtschaften direkt dahinter ihre Tische nach draußen. Wegen ihrer Bepflanzung fand die Schipfe den Weg ins Guinness Buch der Rekorde als »längste Geranienkiste der Welt« (www.schipfe.ch).

*Lindenhof 6

Die Römer errichteten anno 15 v. Chr. auf der Anhöhe oberhalb des Limmatufers zunächst eine Zollstation und später ein Kastell namens Turicum, woraus sich der Ortsname Zürich ableitete. Später erbauten die deutschen Kaiser hier eine Pfalz als Unterkunft für die Durchreise nach Italien.

1292 verliehen Zürichs Frauen dem Lindenhof kriegerischen Glanz. Als die von Herzog Albrecht von Österreich belagerte Stadt in Bedrängnis geriet, zogen sie in voller Rüstung auf den Hof, um eine große Besatzung vorzutäuschen – und hatten damit Erfolg. Die Pfalz war damals bereits abgetragen. Auf dem Lindenhof wurde 1798 die Verfassung der Helvetischen Republik beschworen.

Die abgeflachte Kuppe des Moränenhügels bietet einen schönen Blick auf die rund 20 m tiefer fließende Limmat und den östlichen

Aussicht vom Lindenhof auf das Limmatquai

Teil des alten Stadtkerns, die »mehrere« (größere) Stadt. Schon Goethe zeigte sich begeistert ob der Aussicht. Einheimische spielen in kleinen Gruppen auf der hinteren Seite des Lindenhofs Schach und Gesellschaftsspiele mit großen Figuren.

Rennweg 7

Der hinter dem Lindenhof schräg verlaufende Rennweg war bereits im 13. Jh. eine wichtige Verkehrsachse auf dieser Limmatseite, lange bevor die Bahnhofstrasse durch Zuschüttung des Fröschengrabens entstand. Noch heute säumen viele kleine Geschäfte den leicht aufsteigenden, weitgehend autofreien Rennweg, der bis zum Münzplatz führt. Neun zusammenhängende Häuser am rechten Ende wurden **Echt gut!** zum **romantischen Hotel Widder** mit seiner berühmten Jazzbar zusammengefügt (❯ S. 22).

Europäische Spielwaren vom 18. Jh. bis Mitte des 20. Jhs. sind im 1956 gegründeten **Zürcher Spielzeugmuseum** zu bewundern, das die Errungenschaften der jeweiligen Epochen anhand damaliger Spielwaren anschaulich dokumentiert (Fortunagasse 15, Tel. 044 211 93 05, www.zuercher-spielzeugmuseum.ch, Mo–Fr 14 bis 17, Sa 13–16 Uhr).

*Augustinergasse 8

Die pittoreske Augustinergasse ist mit ihren feierlichen Flaggen ein echter Hingucker und fällt selbst von der Bahnhofstrasse aus auf. Besonders die Vielzahl an Erkerhäusern sucht in Zürich ihresglei-

chen. Über die lange Geschichte fast jedes Hauses ist auf den blauen Denkmalschutzschildern zu lesen. Überwiegend Kleinhandwerk war hier beheimatet, heute beleben kleine Geschäfte die bunten mittelalterlichen Häuser mit ihren niedrigen Decken.

Die Augustinergasse reicht bis zum Münzplatz mit der **Augustinerkirche,** die als Teil des Klosters der Augustiner-Eremiten im 13. Jh. gegründet wurde. Nach der Reformation diente das Kloster als Münzprägerei, bevor hier 1837 die erste Zürcher Universität vor dem Umzug an den jetzigen Standort eröffnet wurde.

Das barocke **Museum Strauhof** in einem Bürgerhaus von 1772 widmet sich als »Schule des Lesens« literarischen Themen in wechselnden Ausstellungen (Augustinergasse 9, Tel. 044 412 31 39, www.strauhof.ch, Di–Fr 12–18, Sa/So 10–18 Uhr). Hier ist auch die **James-Joyce-Stiftung** beheimatet (www.joycefoundation.ch).

*Kirche St. Peter 9

Zürichs bekannteste Kirchen sind zweifelsohne Grossmünster und Fraumünster, doch die Kirche St. Peter ist ebenso markant, wenngleich man sie von der Ferne aus einfacher ausmachen kann als im Gassenwirrwarr. Das Gotteshaus am **malerischen Platz St. Peterhofstatt** stammt ursprünglich aus dem 9. Jh., auch wenn die ältesten noch erhaltenen Teile der Kirche im 13. Jh. gebaut wurden. Das barocke Kirchenschiff ist ein Werk des 18. Jhs.

Der 64 m hohe, spitzbehelmte Turm verfügt über ein Zürcher Superlativ: das **Zifferblatt** ist mit 8,64 m Durchmesser das größte in Europa und übertrifft sogar das von Big Ben in London. Eigenartigerweise gehört der Turm zur Stadt und nicht zur Kirche.

Der berühmte Zürcher Bürgermeister Rudolf Brun fand in der Kirche seine letzte Ruhestätte. Bekannt ist auch der Prediger Johann Caspar Lavater, der im **Haus zur Reblaube** wohnte, wo er mit seinem Freund Johann Wolfgang von Goethe zusammentraf (Glockengasse 7, heute Weinstube »Kaisers Reblaube«, ❭ S. 35).

Thermengasse 🔟

Beim Umbau eines Geschäfts am Weinplatz anno 1983 entdeckten die Arbeiter archäologische Überreste aus römischer Zeit, die auf die damals errichteten Thermen zurückgehen.

Bis die Römer Zürich Anfang des 5. Jhs. wieder verließen, wurden die Thermen mehrmals deutlich vergrößert, ein Zeichen für die gestiegene Bedeutung der Ansiedlung. Die Lage in der Nähe der Schiffsladestation ermöglichte den damaligen Einwohnern den Besuch im geheizten Bad. In der Thermengasse können die Spuren unter einem Metallgitter und anhand von Schautafeln nachvollzogen werden.

Münsterbrücke 🇮🇮

Die kirchliche Achse der Stadt beginnt am Münsterhof mit dem Fraumünster und verläuft über die 1838 als Nachfolger eines Holzbaus entstandene Münsterbrücke zur Wasserkirche und weiter bis zum Grossmünster. Das barocke Stadtpalais gegenüber dem Fraumünster auf der linken Limmatseite ist das **Zunfthaus zur Meisen** (❭ S. 84). Seit 2004 wird die historische Steinbrücke von unten beleuchtet – als Pilotprojekt des sogenannten **Plan Lumière**, im Zuge dessen viele markante Objekte der Stadt nachts auffallend illuminiert werden.

Der **Münsterhof** wirkt aufgrund seiner jetzigen Hauptnutzung als öffentlicher Parkplatz zerklüftet, bis 2014 soll hier jedoch eine autofreie städtische Flanierzone entstehen.

4 ****Fraumünster** 🇮🇿

Bereits anno 853 übergab der Karolingerkönig Ludwig der Deutsche das reichsfreie Frauenkloster an seine Tochter Hildegard, die ebenso wie die später folgenden Äbtissinen gleichzeitig Stadtregentin von Zürich war.

Das im 13. Jh. auf den Resten der ersten Klosterkirche erbaute Fraumünster ist das zweite wichtige Gotteshaus der Stadt Zürich. In der dreischiffigen Pfeilerbasilika vermischen sich romanische mit gotischen Stilen. Die neugotische Westfassade mit dem auffallenden Portal in Richtung Paradeplatz schuf Gustav Gull erst 1912. Der nur noch als Grundriss erhaltene Südturm ohne Glockenstuhl und Helm stammt aus dem 12. Jh., während der spitze Glockenturm im 18. Jh. barockisiert wurde.

Das Fraumünster am linken Limmatufer zwischen Stadthaus (links) und dem Zunfthaus zur Meisen (rechts)

(April–Okt. tgl. 10–18 Uhr, sonst 10–16 Uhr,   Tel. 044 211 41 00, www.fraumuenster.ch.)

Berühmt sind vor allem die fünf Fenster des russischen Künstlers **Marc Chagall** (1887–1985), der 1970 die einzigartigen Glasgemälde mit biblischen Themen im Chor fertigstellte. Acht Jahre später ergänzte er im südlichen Querschiff eine Rosette mit der Schöpfungsgeschichte. Bereits 1945 schuf **Augusto Giacometti** (1877–1947) das Fenster »Himmlisches Paradies« im Norden des Querschiffs. Seit der letzten Innensanierung 2006 erstrahlen die Glasgemälde intensiver denn je.

Auffallend ist die Grabplatte des einstigen Zürcher Bürgermeisters Hans Waldmann aus dem 15. Jh.; sein Reiterstandbild steht vor dem Fraumünster.

An das evanglisch-reformierte Fraumünster schließt sich das **Stadthaus** an, das Ende des 19. Jhs. anstelle des Klosters und des Kreuzgangs erbaut wurde.

Paradeplatz 13

Den Paradeplatz als Herzstück der Bahnhofstrasse dominieren die Prachtpaläste der Credit Suisse sowie von anderen Banken und Versicherungen. Hier, am größten Geldumschlageplatz der Schweiz, werden die höchsten Mieten der Stadt gezahlt. Der Paradeplatz ist außerdem eine wichtige Umsteigestation der Straßenbahnen. Der Name geht auf die militärischen Gebäude wie das Zeughaus (heute Restaurant Zeughauskeller › S. 29) und das Munitionslager zurück. Früher diente der Platz außerdem noch als Viehmarkt.

Haben sich am vorderen Teil der Bahnhofstrasse noch internationale Ketten und Kaufhäuser niedergelassen, so sind rund um den Paradeplatz und weiter bis zum See eher Luxusboutiquen mit weltbekannten Edelmarken sowie sündhaft teure Juweliere und noble Uhrengeschäfte zu finden. Die **Confiserie Sprüngli** mit ihren weltberühmten »Luxemburgerli«

Frauenbadi

serviert außerdem einen günstigen Mittagstisch (❯ S. 40).

Stadthausquai ⑭ mit Frauenbadi

Die Uferseite der Limmat ab Fraumünster wird neben dem Stadthaus durch weitere markante Gebäudekomplexe geprägt. Im prächtigen Neobarockgebäude der Bank Clariden Leu siedelte einst das Steueramt, heute zieht im Erdgeschoss das moderne **Restaurant Metropol** die gut verdienende Kundschaft des Bankenviertels an (❯ S. 30).

Die nostalgische **Frauenbadi** mit Jugendstilambiente entstand anno 1888 als holzvertäfelte Badeanstalt, in der sich die Frauen vor Männerblicken geschützt erholen können. Abends vergnügen sich hier beide Geschlechter in der Barfussbar (Stadthausquai 12, www.barfussbar.ch, Mai–Okt. Mi., Do., So).

Das **Bauschänzli** ist ein öffentlicher Platz auf einer künstlichen Märcheninsel inmitten der Limmat. Im Winter bezieht regelmä-

ßig der Zirkus Conelli sein Quartier auf dem inzwischen nachts farbig beleuchteten Bauschänzli.

Bürkliplatz ⑮

Stadthausquai und Bahnhofstrasse münden beim Bürkliplatz kurz vor dem Zürichsee in die breite Quaianlage, die Ende des 19. Jhs. vom Stadtplaner und Architekten Arnold Bürkli angelegt wurde und beide Seiten der Limmat am Seeufer verbindet. Der Platz dient vor allem als Anlegestelle der Ausflugs- und Linienboote auf dem Zürichsee. Während der Woche dient der verkehrsfreie Bereich des Bürkliplatzes auch als Marktfläche, regelmäßig finden kulturelle Veranstaltungen statt.

Talstrasse ⑯ und Museum Bärengasse

Die Talstrasse ist einer der möglichen Wege, um parallel zur Bahnhofstrasse zurück zum Hauptbahnhof zu gelangen. Der **Innengarten im Hotel Baur au Lac** (❯ S. 21) auf der linken Seite lohnt im Sommer einen Besuch zum Nachmittagskaffee.

Echt gut!

Fast wie aus einer anderen Welt zwischen die modernen Beton- und Glaspaläste des Geschäftsviertels gestellt wirken zwei aneinandergebaute barocke Wohnhäuser aus dem 17. Jh: Im **Museum Bärengasse** werden derzeit Ausstellungen der Kunsthalle gezeigt, bis der Umbau des Löwenbräu-Areals im Zürcher Westen abgeschlossen ist (Bärengasse 20–22, Tel. 044 211 17 16). Ab 2013 wird die Ausstellung

MoneyWorld der Stiftung Sunflower ins Museum Bärengasse einziehen, die als interaktive Ausstellungsplattform das Geldwesen der Schweiz thematisiert.

*Völkerkundemuseum 🔟

Auf dem Gelände des alten Botanischen Gartens mit Spitznamen »Zur Katz« beschäftigt sich das Völkerkundemuseum der Universität Zürich anhand einer umfassenden Sammlung mit ethnologischen Errungenschaften, ergänzt durch regelmäßige Wechselausstellungen zu diversen Themen außereuropäischer Kulturen. Die wissenschaftliche Bibliothek ist öffentlich zugänglich (Pelikanstr. 40, Tel. 044 634 90 10, www.musethno.uzh.ch, Di–Fr 10–13, 14–17, Sa 14–17, So 11–17 Uhr).

Schanzengraben 🔟

Von der einstigen Stadtbefestigung in Form eines Schanzensterns, begonnen während des Dreißigjährigen Krieges, sind nur ein paar Parkanlagen und der Wasserlauf des Schanzengrabens gebieben. Ein gern genutzter Spazierweg beim Durchqueren der City führt an ihm entlang. Tief am Graben verstummen Auto- und Großstadtlärm. Der Schanzengraben führt vom Zürichsee bis praktisch zum Hauptbahnhof, überquert von mehreren Brücken und Zugangswegen. Hinter der Börse liegen das 1864 gegründete **Männerbad** sowie die von beiden Geschlechtern besuchte Rimini Bar als Freiluftbar (Badweg 10).

Neue Börse 🔟

Das markante Gebäude der Neuen Börse entstand 1991 am Bahnhof Selnau zwischen dem westlichsten Zipfel des Schanzengrabens und der Sihl, gegenüber dem Stauffacher (> S. 96). Die **SIX Swiss Exchange** als Schweizer Börse gilt als eine der größten regulierten Börsen Europas.

Haus Konstruktiv 🔟

Die Stiftung für konstruktive und konkrete Kunst im einstigen Kraftwerk Selnau wurde bereits 1986 als Privatmuseum gegründet und war lange im Seefeld beheimatet. Das Haus Konstruktiv zeigt Wechselausstellungen zeitgenössischer konzeptueller Kunst von meist einheimischen Künstlern (Selnaustr. 25, Tel. 044 217 70 80, www.hauskonstruktiv.ch, Di, Do, Fr 12–18, Mi 12–20, Sa/So 11 bis 18 Uhr, Mo geschl.).

Theaterhaus Gessnerallee 🔟

Die breit angelegten Stallungen mit Reithalle und Zeughaus waren Teil der einstigen Kasernenanlagen aus dem 19. Jh. Seit Ende der 1980er-Jahre dient der breite Gebäudekomplex der denkmalgeschützten Reithalle als Bühne für eine freie Theaterszene, die hier experimentierfreudige Darbietungen zum Besten gibt. Auch Konzerte und Festivals werden häufig veranstaltet (Gessnerallee 8, Tel. 044 225 81 10, www.gessnerallee.ch). Das hauseigene **Restaurant Reithalle** überzeugt mit seinem authentischem Ambiente in den einstigen Ställen und verfügt auch über einen schattigen Sommergarten (❯ S. 31).

Parallel hinter der Reithalle verläuft mit der **Löwenstrasse** eine weitere Einkaufsstraße, zwei schmale Stege überqueren den dazwischen liegenden Schanzengraben. Vom geschäftigen **Löwenplatz** mit dem markanten Kaufhaus Globus sind es nur ein paar Schritte zum Hauptbahnhof und zur Bahnhofstrasse.

Niederdorf und Oberdorf

– ❷ – Central ❯ Niederdorfstrasse ❯ Zähringerplatz und Predigerplatz ❯ *Neumarkt ❯ Rindermarkt ❯ Spiegelgasse ❯ *Rathaus ❯ Limmatquai ❯ Wasserkirche ❯ **Grossmünster ❯ Oberdorfstrasse ❯ Bellevue

Dauer: etwa 3–4 Std. zu Fuß
Praktische Hinweise: Eine Tour durch das Niederdorf ist zwar vormittags möglich, aber seinen Reiz spielt das Quartier erst am Abend durch die aktive Ausgehszene so richtig aus. Wer Tour 2 mit der vorherigen Tour 1 kombinieren möchte, kann sie daher umgekehrt vom Bellevue bis zum Central durchlaufen.

Central ㉒
Auf Höhe des Hauptbahnhofs gegenüber der Limmat beginnt das Niederdorf am »Central« genannten Platz, der aufgrund seines zu kleinen Umfangs für einen effizienten Kreisverkehr ein Nadelöhr des Stadtverkehrs darstellt. Zu Stoßzeiten wird der Verkehr von Polizisten geregelt. Der Name geht auf das Hotel Central zurück, das im Gegensatz zum Namensgeber am Bellevue heute noch als Hotel fungiert.

Niederdorfstrasse ㉓
Das »Dörfli«, wie die Zürcher das lange Altstadtviertel zwischen Central und Bellevue nennen, hat sich besonders im vorderen Teil bis zum Platz Stüssihofstatt als Ausgeh- und Bummelmeile etabliert. Hier findet sich Altes neben Neuem, in den Auslagen der oft winzigen Geschäft viel Antikes, dazwischen die Nachtlokale an Zürichs einstiger »Sündenmeile«.

Auf dem Weg lädt eine Vielzahl durchschnittlicher, aber auch besserer Restaurants zum Essen ein – übrigens eine Lieblingsbeschäftigung der Zürcher. Abends verwandelt sich das Niederdorf in eine pulsierende Szenerie von Straßenkünstlern, Bars, Beizen, Nachtlokalen und Sexkinos.

Gelegentlich beleben neue Betriebe die Gastronomieszene des »Dörfli« wie z. B. die **gemütliche Brasserie Louis** mit französischem Flair (Nr. 10).

Winzige Gassen führen zum Limmatquai herunter, dazwischen verbergen sich einige Hinterhöfe. Am Donnerstag und Sonntag lohnt ein Bummel über den Kuriositätenmarkt auf dem **Rosenhof:** selbstgefertigter Schmuck, Puppen, Kleider, Konfitüre, heiße

Crêpes und vieles andere mehr wird von den meist jugendlichen Verkäufern angeboten (› S. 43).

Der einzige farbig geschmückte Brunnen der Stadt steht auf der **Stüssihofstatt,** dem Platz, an dem die Niederdorfstrasse in die Münstergasse übergeht.

Zähringerplatz und Predigerplatz 24

In einer L-Form liegen Zähringerplatz und Predigerplatz zueinander, in deren Mitte die **Predigerkirche** mit ihrem 97 m hohen Turm thront. Das 1269 vollendete Gotteshaus, ursprünglich mit einem Dominikanerkloster verbunden, geht auf eine romanische Pfeilerbasilika zurück. Der Chor wurde allerdings bereits in der ersten Hälfte des 14. Jhs. in gotischen Formen neu aufgebaut. Er gilt als bedeutendstes Werk der Hochgotik in Zürich. Nach der Reformation wurde der Chor profaniert und dient heute teilweise als Staatsarchiv.

Die **Zentralbibliothek** als Bücherei von Stadt, Kanton und Universität steht der Öffentlichkeit ebenso zur Verfügung, wie er wissenschaftlicher Lehre und Forschung dient. Das Archiv besitzt über fünf Millionen Dokumente sowie eine Spezialsammlung von »Turicensia«, also in Zürich, über Zürich oder von Zürchern erbrachten Veröffentlichungen. Gelegentlich sind Wechselausstellungen im Predigerchor zu sehen (Haupteingang Zähringerplatz 6, Ausstellung Predigerplatz 33, Tel. 044 268 31 00, www.zb.uzh.ch, Mo–Fr 13–17, Sa 13–16 Uhr).

*Neumarkt 25

Die schmale Predigergasse führt vom Predigerplatz praktisch von hinten in den **Neumarkt.** Diese breite Gasse säumen mittelalterliche Häuser, die meisten versehen mit den blauen Schildern des Denkmalschutzes und einer kleinen Geschichte über das Haus. Auffallend ist die reich verzierte Fassade von Nr. 20 (»Zum steinern Kindli«), sehenswert sind ferner »Zur Stelze« (Nr. 11), »Zum Tannenberg« (Nr. 8) und »Zum Adlerberg« (Nr. 7).

Im Haus »Zum goldenen Winkel« (Nr. 27) wurde der Zürcher Dichter **Gottfried Keller** geboren,

Entspannung im Hamam

In einem kleinen Seitengasse der Münstergasse (› S. 83) lädt das Hamam in ein Reich der Sinne ein, ein Labsal nach einem langen Tag voller Besichtigungen und Shopping. Man lässt sich mit dem Kese-Peelinghandschuh abreiben, badet, entspannt sich, wickelt sich in das obligatorischen Pestemal-Gewand und verbindet so Wohlbefinden mit Körpererfahrung. Die Raumgestaltung mit orientalisch anmutenden Fliesen und behutsamer Beleuchtung hilft, den Alltag hinter sich zu lassen und ganz abzuschalten (Blaufahnenstr. 3, Tel. 058 568 81 81, www.fitnesspark.ch/hamam, Mo–Fr 8–22, Sa/So 9–20 Uhr).

Ein Gesamtkunstwerk: der Coiffeursalon von Frankie B.

der im Lauf seines Lebens mehrere verschiedene Adressen in der Umgebung bewohnte.

Gewissermaßen das Herzstück am Neumarkt ist das **Theater Neumarkt**, inzwischen ein angesagter Kulturbetrieb mit eigenem Restaurant und Sommergarten (www.theaterneumarkt.ch).

Der auffallende Turm am Neumarkt ist der im 13. Jh. erbaute **Grimmenturm**, ein Teil der einstigen Stadtbefestigung.

Das **Haus zum Rech** beherbergt das Stadtarchiv mit einem

 Modell der Stadt Zürich um 1800 sowie wechselnden Ausstellungen zur Zürcher Stadt- und Baugeschichte (Neumarkt 4, Tel. 044 266 86 86, Mo–Fr 8–18, Sa 10–16 Uhr, Eintritt frei).

Rund um den Neumarkt waren einst Handwerkerbetriebe angesiedelt, einige sind bis heute geblieben. Ein Abstecher in die **Froschaugasse** ermöglicht tiefe Einblicke in das Gassenmeer der Altstadt mit einer Vielzahl kleiner Restaurants und Geschäfte.

Rindermarkt und Spiegelgasse 26

Der Neumarkt spaltet sich in zwei interessante Gassen auf. Halb rechts führt der gleichfalls von historischen Bauten gesäumte **Rindermarkt** bis zur Münstergasse, der Fortsetzung der Niederdorfstrasse. Kleine Geschäfte wie

Der rockige Coiffeur am Rindermarkt

Seit 40 Jahren schon steht Franz Bänninger alias Frankie B. in seinem Coiffeursalon im Niederdorf. Vollgestellt mit Jukebox und Flipperkasten, behängt mit Fotos aus seinem Leben mit Vorliebe für Rockmusik, bleibt die funktionale Einrichtung mit den hundertjährigen Coiffeurstühlen eher im Hintergrund (Rindermarkt 3, Mo geschl.).

der gut sortierte Travel Book Shop (Nr. 20) und weitere Lokale liegen am Weg. In der rustikalen Weinstube **Oepfelchammer** (Nr. 12, › S. 35) war einst Gottfried Keller Stammgast.

Reich an historischen Reminiszenzen ist auch die brunnengeschmückte **Spiegelgasse,** die links vom Neumarkt abgeht. Eine Gedenktafel am Haus »Zum Waldries« (Nr. 11) erinnert daran, dass Goethe im Jahr 1775 hier weilte. Etwas weiter oben, im Haus »Zum hinteren Brunnenturm« (Nr. 12), lebte der Dichter Georg Büchner. Ein anderer Emigrant, Wladimir Iljitsch Uljanow, besser bekannt unter dem Namen Lenin, wohnte 1917 ebenfalls in der Spiegelgasse im Haus eines Schuhmachers (Nr. 14) und schrieb hier an seinem Manifest »Der Imperialismus als höchstes Stadium des Kapitalismus«.

In der Spiegelgasse 1 befand sich auch das **Cabaret Voltaire,** in dem Künstler wie Hugo Ball, Tristan Tzara und Hans Arp 1916 den Dadaismus (› S. 63) begründeten. Das schon ein halbes Jahr nach der Gründung wieder geschlossene Cabaret wurde 2004 als Künstlerkneipe unter altem Namen, aber mit weniger radikalem Konzept eröffnet (› S. 53).

Etwa in der Mitte der Spiegelgasse liegt ein baumgeschmückter Platz mit Brunnen. Hier führt rechts ein hübscher Weg über die Leuengasse in die schmale **Elsässergasse,** die neben dem Zunfthaus zur Schmiden in die Münstergasse mündet.

Marktgasse und Münstergasse 27

Das Mittelstück der Hauptstraße im »Dörfli« zwischen Niederdorfgasse und Grossmünster wechselt mehrfach den Namen. Die **Marktgasse** führt in L-Form bis zum Rathaus.

Gleich zwei kulinarische Höhepunkte verzeichnet die **Münstergasse** an ihrem Anfang: das

Echt gut!

Einkaufsbummel in Zürichs Altstadt

■ Weltberühmt ist die Confiserie **Sprüngli** am Paradeplatz mit ihren Leckereien wie den »Luxemburgerli«. › S. 40

■ Das **Buchhaus Beer** am romantischen Platz St. Peterhofstatt wurde unlängst in den Band der schönsten europäischen Buchhandlungen aufgenommen. › S. 40

■ Nicht das größte, aber vielleicht das schönste Kaufhaus mit Vollsortiment und exzellenter Delikatessenabteilung ist **Globus** an der Bahnhofstrasse. › S. 42

■ Juwelier **Bucherer** zählt zu den beliebtesten Schmuck- und Uhrengeschäften der Schweiz. › S. 42

■ Das Kolonialwarengeschäft **Schwarzenbach** ist ein Anziehungspunkt im Niederdorf, besonders für Kaffee, Tee und Früchte. › S. 43

■ Kunsthandwerk und Geschenkideen aus der Schweiz verkauft das **Heimatwerk.** › S. 46

■ Wie vor (fast) 100 Jahren kauft man im **Spitzenhaus Degiacomi** ein, wo die Eigentümer noch täglich hinterm Tresen stehen. › S. 47

Zürcher Zunfthäuser

Entlang der Limmat zeugen einige prächtige Zunfthäuser von der einstigen Bedeutung der Stände, deren große Zeit mit der 1336 in Kraft getretenen »Brunschen Zunftverfassung« begann. Viele dienen heute vornehmen Tafelfreuden in historischem Ambiente. Im April beim **»Sechseläuten«** findet der

 traditionelle Zunftumzug statt. Geht dabei der »Böögg« – der Stroh-Schneemann auf dem Scheiterhaufen, den die Zünftler hoch zu Ross umkreisen – recht schnell in Flammen auf, soll es ein schöner Sommer werden.

Das 850 Jahre alte **Zunfthaus zur Zimmerleuten** im Haus »Zum Roten Adler« wirkt von außen relativ zurückhaltend, prunkt im Inneren aber mit einem Zunftsaal im Stil der Renaissance. (Limmatquai 40).

Im **Zunfthaus zur Rüden** von 1348 tagte die Constaffel, die ranghöchste Zunft, die sich aus Adligen, Rittern und reichen Kaufleuten zusammensetzte. In der Trinkstube in der ersten Etage traf sich der Rat mit seinen 200 Mitgliedern. Die 11 m breite gewölbte Holzdecke kann heute im Restaurant Gotischer Saal bewundert werden (Limmatquai 42, Sa/So geschl.).

Der Name des **Zunfthauses zur Haue** hängt mit dem Salz zusammen, das Bergbauer mit einer Haue schlugen. Zürcher Küche wie Geschnetzeltes kommt in der holzvertäfelten Gaststube auf den Teller (Limmatquai 52, So geschl.).

Direkt nach der Constaffel folgte in der Hierarchie die Krämerzunft mit Sitz im **Zunfthaus zur Saffran**. Das heutige Gebäude entstand 1723. Unter den Arkaden wird in der Wings Lounge angestoßen (Limmatquai 54).

Auf der linken Limmatseite liegt das 1315 errichtete **Zunfthaus zur Waag** der Wollen- und Leinenweber, Bleicher und Hutmacher. Hinter auffallend blauer Fassade speisen angemeldete Gesellschaften im holzgetäfelten Zunftsaal, spontane Gäste im Restaurant (Münsterhof 8).

Unweit davon steht das 1757 erbaute **Zunfthaus zur Meisen** der Weinleute, ein stattliches Rokokopalais. Neben reich verzierten Sälen für große Gesellschaften enthält es auch die **Porzellan- und Fayenceausstellung des Landesmuseums** (Münsterhof 20, Tel. 044 221 28 07, Do–So 11–16 Uhr).

Kolonialwarengeschäft Schwarzenbach mit seiner altertümlichen Auslage von Gewürzen, Früchten sowie Kaffee- und Teesorten (Münstergasse 19, › S. 43) und das **Kaffeehaus Schober-Péclard** mit hauseigener Pâtisserie (Napfgasse 4, › S. 37).

*Rathaus 28

Das Zürcher Rathaus blickt auf eine bewegte Geschichte zurück. 1698 mit Stilelementen der deutschen Renaissance sowie frühbarocken Anklängen freistehend auf Pfeilern über der Limmat auf den Fundamenten seines Vorgängers erbaut, diente es zunächst der Stadtrepublik Zürich und nach der Auflösung der Helvetischen Republik 1803 dem danach gegründeten Kanton Zürich. Die montäglichen Sitzungen des Kantonsrats finden seit jeher öffentlich statt, ebenso die Sitzungen des Gemeinderats der Stadt Zürich, der mittwochs ebenfalls im barocken Prunksaal tagt. Als Staatsschreiber fungierte im Rathaus einst der berühmte Dichter Gottfried Keller.

In ausgewogener Balance zwischen Repräsentation und schweizerischer Bescheidenheit präsentiert sich die Fassadengestaltung des rechteckigen Rathauses. Von der Nähe fallen vor allem die reich verzierten Fenster, der reiche Schmuck an Büsten und Ornamenten sowie die Inschriften über dem Portal auf. (Limmatquai 55, Tel. 043 259 68 11.)

Limmatquai 29

Auf dieser Seite der Limmat reichten die Häuser einst direkt bis ans Wasser. Durch die in mehreren Etappen erfolgte Aufschüttung im 19. Jh. entstand eine durchgehende Uferstraße. Seit 2006 ist das

Schwarzenbach Kolonialwaren ist eine Fundgrube für Genießer

Hinter dem Limmatquai erheben sich die Türme des Grossmünsters

Limmatquai ab Rudolf-Brun-Brücke eine verkehrsberuhigte Flaniermeile, die im weiteren Verlauf zum Bellevue lediglich vom Tram bedient wird.

Säumen den vorderen Abschnitt ab Central noch Restaurants, Bars und günstige Hotels, prägen prächtige Zunfthäuser das Erscheinungsbild zwischen Rathaus und Wasserkirche. Den denkmalgeschützten Lesesaal im **Literaturhaus,** 1834 als private Lesegesellschaft gegründet, nutzten bereits James Joyce und Lenin. Mit wechselnden Veranstaltungen wird ein Beitrag zur Förderung Schweizer internationaler Literatur geleistet. (Nr. 62, Tel. 044 254 50 00, www. literaturhaus.ch.)

Am südlichen Teilstück haben viele Zürcher ihre Boote an der einstigen **Schifflände** vertäut. Am Ufer beginnt hier das **Utoquai** (**›** S. 117) vor dem einstigen Grand Hotel Bellevue (heute Res-taurant Terrasse **›** S. 31), während das Limmatquai etwas landeinwärts versetzt direkt zum Bellevueplatz führt.

Wasserkirche 30 und Helmhaus

Bevor 1839 das Limmatquai durch Aufschüttung des Ufers entstand, befand sich eine kleine Insel inmitten des Flusses, auf der bereits um das Jahr 1000 eine dreischiffige Kirche errichtet wurde.

Die heutige kleinere **Wasserkirche** wurde 1484 vollendet. 400 Jahre später wurde auf ihrer Südseite das **Zwingli-Denkmal** für den Reformator Huldrych Zwingli eingeweiht.

Durch die Arkadenhalle des 1794 direkt vor der Wasserkirche im frühklassizistischen Stil erbauten **Helmhauses** verlief einst die Straße. Das Ausstellungsgebäude zeigt heute zeitgenössische Kunst, überwiegend von Künstlern aus der Schweiz (Limmatquai 31, Tel. 044 251 61 77, www.helmhaus. org, Di–So 10–18, Do bis 20 Uhr).

5 ****Grossmünster** 31

Das evangelisch-reformierte Grossmünster prägt als wichtigstes Zürcher Wahrzeichen die Stadtansicht. Zwei Legenden sind mit der Entstehung der Kirche verbunden. Im 4. Jh. sollen die Geschwister Felix und Regula, die als Mitglieder der Thebäischen Legion mit ihrem Diener Exuperantius vor dem römischen Kaiser Maximian nach Zürich geflohen waren, von kaiserlichen Soldaten auf einer kleinen Limmatinsel – dem Standort der heutigen Wasserkirche – enthauptet worden sein. Mit ihren Köpfen unter dem Arm sollen sie der Legende nach noch die Entfernung von 40 Ellen bis zur Stelle des heutigen Grossmünsters zurückgelegt haben.

Als Karl der Große auf der Reise von Aachen nach Zürich einen Hirsch jagte, ging sein Pferd genau an der Stelle nieder, wo die Märtyrer begraben sind. In der Folge ließ er dort eine Karolingerkirche erbauen.

Auch wenn nur wenige Fakten über die Entstehungsgeschichte des Grossmünsters historisch belegt sind, steht fest, dass bereits um 870 ein karolingisches Chorherrenstift auf der Anhöhe am rechten Limmatufer stand. Die Fundamente des heutigen spätromanischen Sakralbaus gehen auf das 13. Jh. zurück.

Die beiden charakteristischen **Türme** der dreischiffigen Säulenbasilika erhielten erst 1787 nach einem Blitzeinschlag ihre spitzbehelmte Form. Sie werden im Volksmund »Pfeffer und Salz« genannt, was übrigens auf einen Ausspruch von Victor Hugo zu-

Huldrych Zwingli

Er hat die Limmatstadt geprägt wie kein anderer: Huldrych Zwingli, 1484 im toggenburgischen Wildhaus geboren, nach Studien in Basel und Wien erst Pfarrer in Glarus, wurde 1519 nach Zürich berufen. Hier predigte er wider die Missstände in der katholischen Kirche, geißelte die strengen Ablassregelungen und das Söldnerwesen. Zürich folgte seinem Vordenker in die Theokratie, jeglicher Schmuck wurde aus den Kirchen entfernt, Orgelspiel und Gesang abgeschafft. Zwinglis Einfluss auf den Rat der Stadt wirkte sich auch auf das gesellschaftliche Leben aus, das fortan vom Puritanismus geprägt war. Auch Schaffhausen und das mächtige Bern schlossen sich dem neuen Glauben an.

Widerstand leisteten von Anfang an die innerschweizerischen Orte. Ohnehin den immer mächtiger werdenden Städten gegenüber misstrauisch, waren sie nun besonders aufgebracht wegen Zwinglis Kampf gegen das Söldnerwesen. 1531 kam es zum Glaubenskrieg, nachdem die Städte eine Wirtschaftsblockade über die Innerschweiz verfügt hatten. Zwingli fiel im Kampf, die Niederlage der Zürcher bedeutete einen schweren Rückschlag für die Reformation.

rückgeht. Der südliche **Karlsturm** kann nach Erklimmen der 187 Stufen besichtigt werden.

Als Huldrych Zwingli von 1519 bis 1531 am Grossmünster predigte und die Reformation einläutete, trennte er sich von allem, was nicht ausdrücklich in der Bibel stand. Jeglicher unnötige Schmuck fiel dem Bildersturm zum Opfer. Dadurch präsentiert sich das 1980 renovierte Gotteshaus im Inneren sehr schlicht.

Einige wertvolle Zeugnisse der Bildhauerkunst blieben allerdings erhalten, darunter die **Sitzfigur Karls des Großen** aus dem 15. Jh. Die wenigen erhaltenen mittelalterlichen Wandmalereien befinden sich in der dreischiffigen **Krypta** aus dem 12. Jh. und in der **Zwölfbotenkapelle** rechts hinter dem Chor. Der **Kreuzgang** wurde im 19. Jh. dem ursprünglichen spätromanischen Original nachempfunden.

Auffallend sind vor allem die **Fenster** des Grossmünsters. Zunächst thematisieren die drei von Augusto Giacometti 1933 gestalteten Chorfenster die Weihnachtsgeschichte. 2009 erneuerte der Kölner Maler Sigmar Polke (1941–2010) **zwölf Farbfenster aus Achatschnitten und aus feinstem Glas** mit teils abstrakten (Achat), teils figürlichen (Glas) Darstellungen, die indirekt Bezug auf Giacomettis Fenster nehmen und so gleichsam eine Zeitachse in die Kirche legen. (Zwingliplatz, Tel. 044 252 59 49, www.grossmuenster.ch, Mitte März–Okt. tgl. 9–18, sonst 10–17 Uhr.)

Oberdorfstrasse 32

Auf den ersten Blick dem Niederdorf nicht unähnlich, schlängelt sich die Oberdorfstrasse als Abschluss des Oberdorfs vom Grossmünster bis zur Rämistrasse, dem Standort unzähliger Kunstgalerien. Vornehme Geschäfte, Antiquariate und Restaurants liegen auf dem Weg. Links führt die Kirchgasse zum Hirschengraben, der östlichen Abgrenzung des Quartiers.

Besonders abends verbreitet das leergefegte Gassenmeer im Osten der Oberdorfstrasse eine mittelalterliche Atmosphäre. Ein Abstecher durch die Frankengasse oder die Trittligasse führt zum **Theater an der Winkelwiese,** einem avantgardistischen und ambitionierten Kleintheater in der Villa Tobler (Winkelwiese 4, Tel. 044 261 21 79, www.winkelwiese.ch).

Bellevue 33

Das Oberdorf mündet in den Bellevue-Platz, den die Zürcher einfach nur »Bellevue« nennen. Die gleichnamige Tramstation ist ein geschäftiger Verkehrsknotenpunkt vor dem angrenzenden Seefeld.

Ein paar Schritte vom Seeufer verbirgt sich der moderne **Bahnhof Stadelhofen** (❯ S. 117), der heute von der S-Bahn frequentiert wird. Hinter dem Bellevue erstreckt sich die Sechseläutenwiese mit dem **Opernhaus,** einem klassischen Theaterbau der Wiener Architekten Fellner und Helmer von 1891 (❯ S. 117).

Die Brunnenstadt

Zürich gilt mit seinen 1224 Brunnen verschiedener Größe als Brunnenstadt der Schweiz. Das Trinkwasser der Limmatmetropole hat einen ausgezeichneten Ruf: etwa 70 Prozent kommt aus dem Zürichsee, dessen Wasserqualität sich dank der Gewässerschutzmaßnahmen der letzten Jahrzehnte stark verbessert hat, der Rest entstammt zu gleichen Teilen aus Quell- und Grundwasser. Versorgt wird damit nicht nur die Stadt, sondern gleich die gesamte Region. Auch in der Ökobilanz schlägt das Zürcher Trinkwasser in Flaschen abgefülltes Mineralwasser um Längen, insbesondere wegen des viel geringeren Energieaufwands beim Transport. Inzwischen kann man Zürcher Leitungswasser auch als Souvenir in Edelstahlflaschen unter dem Namen ZH_2O kaufen.

Die ursprünglich rein zweckdienlichen Zürcher Brunnen wurden häufig als Kunstwerke gestaltet. Während der Reformation wichen die christlichen Ausschmückungen antiken Themen. Gelungene Zürcher Brunnen findet man etwa am Helmhaus, am Weinplatz und an der Stüssihofstatt. 1973 wurden 80 Brunnen aus Bronze errichtet, die im Notfall der Bevölkerung wertvolles Trinkwasser spenden können. Weitere 400 Brunnen werden nur mit Quellwasser gespeist und sind daher, da sie auf Pumpen und Aufbereitung gänzlich verzichten können, besonders umweltfreundlich.

Wer tiefer in die Brunnenvielfalt eintauchen möchte (und zwar im buchstäblichen Sinn), kann zwischen Mai und Oktober an jedem ersten Mittwoch im Monat um 18 Uhr an einer Brunnentour teilnehmen (Treffpunkt Rote Wasserkugel am General-Guisan-Quai, Anmeldung Tel. 044 435 21 11).

Der Westen

Nicht verpassen!

- Im neuen Zürich-West »in den Ausgang gehen«
- Ein Jazzkonzert im Schiffbau erleben
- Die neue Shoppingmeile im Viadukt durchstöbern
- Am Abend den vibrierenden Puls der Langstrasse spüren
- Im Landesmuseum auf den Pfaden der Schweizer Geschichte wandeln

Zur Orientierung

Der Zürcher Westen hat sich in den letzten zwei Jahrzehnten enorm gewandelt. Das ehemals eigenständige Gebiet Aussersihl südlich der Bahngleise, bereits 1893 als Kreis 4 eingemeindet, entwickelte sich zu einem Schmelztiegel mit hohem Ausländeranteil, in dem heute über 100 Nationalitäten wohnen. Der Volksmund nennt den Vielvölkerkleinstaat rund um die Langstrasse »Chreis Cheib«, was sich ursprünglich auf die hier befindlichen Gruben für Tierakdaver (Cheib) bezog, heute jedoch ein Ausdruck für den schlechten Ruf des Milieus ist. Inzwischen aber befindet sich der Kreis 4 im Wandel zu einem konstrastreichen, authentischen Quartier mit bezahlbarem Wohnraum, einer hippen Modeszene und einer multikulturellen Vielfalt, die sich immer wieder neu inszeniert.

Nördlich der Bahngleise befindet sich das als Kreis 5 ebenfalls 1893 eingemeindete Industriequarter. Escher Wyss war eine der ersten Fabriken, die die Industrialisierung von Zürich vorantrieben. In ihrem Umkreis siedelte sich eine Vielfalt von weiteren Betrieben an, von der Brauerei bis zur Zahnradfabrik. Einige alte Arbeitersiedlungen haben in der Nachbarschaft bis heute überlebt,

ganz im Gegensatz zur Industrie selbst, die inzwischen überwiegend aus dem Zürcher Westen abgezogen ist. Somit entstand Raum für neue urbane Gestaltungskonzepte. Zunächst entwickelte sich eine enorme Kreativszene mit der Gründung von Theatern und Kunstateliers; Modelabels zogen in die alten Fabrikhallen, das größte Kino der Stadt lockte Zuschauer ins Quartier rund um den Escher-Wyss-Platz.

Seit der Umwandlung des Schiffbaus zu einer Bühne des Schauspielhauses hat sich der Kreis 5 mit der Ansiedlung von gemütlichen Beizen, verrückten Bars und schillerndem Nachtleben zu einer trendigen Ausgehmeile entwickelt. Wo einst Zahnräder gefertigt wurden, erklingen in der Maag MusicHall nunmehr Musicals oder Konzerte. Zürich mauserte sich zu einer inzwischen auch außerhalb anerkannten Kultur- und Partymetropole.

Längst wurde aus den frei gewordenen Industriebrachen das dynamische Stadtentwicklungsprojekt Zürich-West mit einer charakteristischen Verschmelzung von erhaltenem Industriecharme und urbanem Chic. Spannende Gegensätze prägen die Gestaltung der Gebäude aus Glas und Beton oder der öffentlichen Bereiche wie dem nachts beleuchteten Turbinenplatz. Der jüngst vollendete Prime Tower, mit

In der Ausstellung »Geschichte Schweiz« im Landesmuseum

126 Meter das höchste Gebäude der Schweiz, bildet mit weiteren Hochhäusern eine neue Skyline. Eine Vielzahl internationaler Unternehmen ließ sich in den umgestalteten Hallen oder modernen Bürogebäuden nieder; die Ende 2011 eröffnete neue Tramführung sorgt für gute Erreichbarkeit. Unter den Bögen des Eisenbahnviadukts entstand eine 500 m lange Gasse mit einer Vielzahl von Geschäften und Restaurants sowie einer überdachten Markthalle.

Touren im Westen

Langstrasse und Stauffacher

– ❸ – *Hauptbahnhof ❯ **Landesmuseum ❯ Museum für Gestaltung ❯ Limmatplatz ❯ Langstrasse ❯ Helvetiaplatz ❯ Stauffacher ❯ Kaserne ❯ Sihlpost und Europaallee

Dauer: 3-4 Std. zu Fuß, teilweise auch mit Tram möglich
Praktische Hinweise: Die meisten Museen der Stadt haben montags geschlossen. Am Samstag kann zusätzlich der Flohmarkt auf dem Kanzleiareal besucht werden, dienstags und freitags der Wochenmarkt auf dem Helvetiaplatz. Wer möchte, kann auch Tour 3 mit Tour 4 ab Limmatplatz kombinieren.

*Hauptbahnhof ❶

Viele der im Westen wohnenden Pendler sehen vom Hauptbahnhof (❯ S. 70) täglich nur die hintere Seite mit den Gleisanlagen. Von der Rückseite aus sind ebenso die S-Bahnen und die Fernzüge sowie das ShopVille erreichbar. Entlang der Gleisanlagen führt die Tour direkt zum parallel liegenden Landesmuseum.

**Landesmuseum ❷

Das bekannteste Gebäude des auf drei Standorte verteilten Schweizerischen Nationalmuseums ist zweifelsohne das 1898 eröffnete Landesmuseum, das jährlich von 160 000 Zuschauern besucht wird. Von außen erinnert es mit dem mächtigen neugotischen Turm sowie einer Vielzahl weiterer Spitzen an ein Schloss.

Bis ins Jahr 2016 wird das Museum um einen modernen Erweiterungsbau ergänzt, um mehr Platz für Wechselausstellungen und ein Studienzentrum zu erhalten. Der Architekt des Hauptgebäudes, Gustav Gull, plante bereits Ende des 19. Jhs. eine mögliche Erweiterung in sein Konzept mit ein.

Das Landesmuseum beherbergt die umfangreichste Sammlung zur Geschichte und Kultur der Schweiz. Schwerpunkte der

Echt gut!

auf gut 100 Räume aufgeteilten Ausstellung sind Ur- und Frühgeschichte, Kultur des Rittertums, Kirchenkunst und Interieur. Das bekannteste Exponat ist eine alte Postkutsche, die auf der Passstrecke über den Gotthard fuhr. Ferdinand Hodler, der bekannteste Schweizer Maler des 19 Jhs., sorgte für die monumentalen Fresken. (Museumstr. 2, Tel. 044 218 65 11, www.nationalmuseum.ch, Di–So 10–17, Do bis 19 Uhr.)

Die **Platzspitz** genannte kleine Landzunge an der Mündung der Sihl in die Limmat hinter dem Landesmuseum ermöglicht vielen Einwohnern einen regelmäßigen Spaziergang zur Mittagspause. Die traurige Geschichte als Treffpunkt Drogenabhängiger Anfang der 1990er-Jahre ist glücklicherweise Vergangenheit.

Wie ein Schloss wirkt das Zürcher Landesmuseum

Museum für Gestaltung 🄳

Das jenseits der Sihl zwischen Hauptbahnhof und Limmatplatz gelegene Museum sammelt seit 1875 alltägliche und künstlerisch anspruchsvolle Werke der Designkultur sowie Grafiken seit dem 15. Jh. Die Ausstellung zeigt Teile der Gesamtsammlung, die etwa 330 000 Plakate, 15 000 Objekte des Kunstgewerbes sowie 30 000 Designprodukte und Verpackungen umfasst. Zur wissenschaftlichen Forschung unterhält das Museum außerdem ein Archiv für Schweizer Design. (Ausstellungsstr. 60, Tel. 043 446 67 67, www.museum-gestaltung.ch, Di bis So 10–17, Mi bis 20 Uhr.)

Limmatplatz 🄴

Der platanenbesetzte Limmatplatz ist einer der wichtigen Verkehrsknotenpunkte im Zürcher Westen. Ursprünglich als durchfahrbarer Kreisel ausgeführt, musste er inzwischen einige Maßnahmen zur Verkehrsberuhigung über sich ergehen lassen. Die Form des bereits um 1900 angelegten Platzes, ein zur Straßenkreuzung in seiner Mitte um 45 Grad versetztes Quadrat, geht auf den Stadtplaner Arnold Bürkli zurück.

Das auffallendste Gebäude am Limmatplatz ist das Hochhaus des **Migros Genossenschafts-Bundes** (❯ auch S. 96), gegenüber befindet sich die Diskothek x-tra (❯ S. 52).

Langstrasse 5

Am Limmatplatz endet die Langstrasse, die südlich der Bahntrasse im Kreis 4 beginnt und nach der auch das dortige Quartier benannt ist.

Der nördliche Abschnitt im Kreis 5 wird wie die Nebengassen von einer Vielzahl kleiner Restaurants, Bars und Geschäfte gesäumt. Unterquert man die Gleise, gelangt man in den berühmt-berüchtigten Teil der Langstrasse, in dem das Nachtleben in multikulturellen Bars, Kneipen und Clubs tobt. Dem Ruf als Rotlichtviertel und Drogenmilieu hat die Stadt jedoch in jahrelanger Arbeit entgegengewirkt.

Westlich der Langstrasse bietet der **Bäckeranlage** genannte Park ein grünes Refugium.

Helvetiaplatz

Der weite Helvetiaplatz, der sich links bei der Kreuzung zur Stauffacherstrasse öffnet, dient Großveranstaltungen wie den traditionellen Demonstrationen zum Ersten Mai. Auch der FC Zürich feiert hier regelmäßig den Ge-

Hönggerstrasse
Breitensteinstr.

Nordstrasse

Hofwiesenstrasse

Seminatsrasse

Rötelstrasse

Rotbuch-

strasse

Schaffhauserstrasse

Hardbr.

Hönggerstrasse

Dammstrasse

S Bahnhof
Wipkingen

Rousseaustrasse

Imfeldstrasse

Nordstrasse

Schubertstr.

Lindenbachstrasse

10

Sihlquai

Limmatstr. Gerberst.

4

Wilhelmstr.

Heinrichstrasse

Schützev.

Rogerstr.

M 15
Löwenbräu-
Areal

Markt-
halle

Wasserwerkstrasse

Kirche
Letten

Kornhausstrasse

Kronenstrasse

Nordstrasse

Steinfels-
platz

Josefstrasse

4

14

St. Josefs-
kirche

Josef-
strasse

Albertstr.

Otto-
strasse

Röntgen-
platz

Fabrikstrasse

Limmatstrasse

Heinrichstrasse

Letzisteg

Kornhausbr.

Wasserwerkstrasse

Kloster-Fahr-Weg

Sihlquai

Limmat

Stampfenbachstrasse

Neue
Hard

Viaduktstrasse

Neugasse

Röntgenstrasse

Querellenstrasse

Gasometer-
strasse

4

Johannes-
kirche

Fierzgasse

Ackerstr.

Marzstr.

Ausstellungsstr.

Draht-
schmidl-
steg

GEWERBESCHULE

5

Langstrasse

Johannesg.

Mattengasse

Neugasse

Josef-
strasse

Klingenstrasse

Reitergasse

Reschauerstr.

3

M 3

Baumackerstr.

Limmatstrasse

strasse

Matten-
steg

Gamper-
str.

Schönaukeng.

Neufrankeng.

Sihlhallenstr.

Magnusstr.

Reitbad

Hafnerstrasse

Konradstr.

Zollstrasse

Platz-
spitz

Busparkplatz
Sihlquai

Zoll-
brücke

M 2

Museumstr.

Brauer-
strasse

Feldstrasse

Hohl-
strasse

Hohlstrasse

Kanonengasse

Dienerstr.

Kernstr.

Zwinglistr.

Militär-
strasse

Brauerstrasse

Tellstr.

Lagerstrasse

LANGSTRASSE

3

Europaallee
im Bau

1 **Hauptbahnhof**

i

9

Sihl

Stauffacherstrasse

Pflanzschulstr.

Bäckeranlage

Anwandstrasse

Schreinerstr.

Feldstr.

Engelstr.

Wegistr.

Kernstr.

Kanzleistrasse

5

Marmorg.

Helvetia-
platz

6

Kraftstr.

Müllerstr.

Rotwandstr.

Stauffacherstr.

Kurzg.

3

Hohlstr.

Zeughausstr.

Exerzier-
wiese

8

Freischütz

Militärstrasse

Gessnerbr.

Gessnerallee

Löwen-
platz

Löwenstr.

Lagerstrasse

Gessnerallee

Linthescherg.

Bahnhofstr.

Uraniastr.

Bezirksgebäude

Badenerstrasse

Anker-
strasse

7

Jakobstr.

Glasmalerg.

Rebg.

Sihl-
brücke

Selnaustrasse

WERD

Zweierstrasse

Seebahnstrasse

Werd-
strasse

Selnau **S**

Talstr.

Talacker

Neue
Börse

Schanzengraben

Sihlstr.

Nüschelerstr.

St. Anna
Kapelle

CITY

Urania-
Sternwarte

Uraniastr.

Uraniastr.

St. Annagasse

Bahnhofstrasse

Oetenbachg.

Spielzeug-
museum

M

Rennw.

Augustiner-
kirche

St. Peters-
kirche

LINDENHOF

winn der Super League (zuletzt 2009). Auf der Fläche gegenüber, dem **Kanzleiareal,** findet samstags ein Flohmarkt statt, dienstags und freitags wird Wochenmarkt abgehalten. Das Bezirksgericht ist etwas weiter südlich im **Bezirksgebäude** untergebracht.

Volkshaus 6

Viele internationale Künstler von Rang und Namen gaben bereits Konzerte im gut 100 Jahre alten Volkshaus am Helvetiaplatz, das heute für eine Vielfalt politischer und kultureller Verstaltungen genutzt wird.

Entstanden als Treffpunkt der Arbeiterbewegung, wurden zunächst auch Badeanlagen für die Bevölkerung eingebaut. Das Restaurant entstand bereits bei der Eröffnung, das Alkoholverbot im gesamten Volkshaus wurde erst 1979 aufgehoben (Stauffacherstr. 60, www.volkshaus.ch).

Anfang 2012 wurde im Volkshaus das **Stadtbad** mit Hamam und russischer Banja-Sauna eröffnet (Tel. 044 241 04 27, www.stadtbadzuerich.ch, tgl. 11–23 Uhr).

Stauffacher 7

Werner Stauffacher, eine Schweizer Sagenfigur aus der Zeit des Rütlischwurs, ist der Namensgeber für eine lange Straße durch den Zürcher Westen, die am Hel-

Gottlieb Duttweiler und die Migros

Der Kaufmann Gottlieb Duttweiler (1888–1962) begann 1925, unter Ausschaltung des Zwischenhandels mit fünf Verkaufswagen wichtige Lebensmittel und Güter des täglichen Bedarfs von den Produzenten direkt zu den Verbrauchern zu bringen. Da er große Mengen einkaufen und den Preisvorteil an die Kundschaft weitergeben konnte, zog er sich den Zorn vieler Unternehmen zu, die ihn fortan nicht mehr belieferten. Infolgedessen setzte er überwiegend auf Eigenmarken mit einheitlichen Verpackungen sowie auf ein rasch expandierendes Filialnetz in der ganzen Schweiz. Seinen sozialen Prinzipien folgend, wandelte Duttweiler 1941 seine inzwischen landesweit erfolgreiche Migros in einen Bund regionaler Genossenschaften um.

Dank des Prinzips des »Kulturprozents« wird bis heute ein Teil des erzielten Gewinns für die Förderung kultureller Einrichtungen verwendet. Dazu zählt die »Klubschule« mit günstigen Möglichkeiten zur Weiterbildung, die ähnlich verbreitet ist wie etwa die Volkshochschule in Deutschland. Bei der Migros werden weder Tabakwaren noch Alkohol verkauft. Inzwischen umfasst der Konzern weitere Unternehmen wie das Kaufhaus Globus, den Discounter Denner und den Reiseveranstalter Hotelplan.

Duttweiler war neben journalistischen Tätigkeiten auch in der Politik als Nationalrat von Bern und Zürich aktiv. Noch kurz vor seinem Tod legte er den Grundstein für das Gottlieb-Duttweiler-Institut, das sich als Forschungsanstalt wirtschafts- und sozialpolitischen Fragen widmet (www.gdi.ch).

vetiaplatz vorbeiführt und bis zum Bahnhof Selnau am anderen Sihlufer verläuft.

Die Tramstation »Stauffacher« an der Kreuzung mit der Badenerstrasse ist im Volksmund Synonym für den Ortsteil, der eine Vielzahl von Restaurants und Geschäften sowie ein Kino aufweist. Zentrales Bauwerk ist die reformierte **St.-Jakobs-Kirche,** die 1901 im Stil der Neorenaissance mit einem 75 m hohen Turm fertiggestellt wurde. Heute öffnet sie sich auch werktags als City-Kirche »Offener St. Jakob« (Stauffacherstr. 34, www.offener-st-jakob.ch).

Kaserne 8

Nach dem Abriss der alten Stadtmauer wurden alle Militäranlagen an einem Platz an der Sihl konzentriert; das Hauptgebäude an der Kasernenstrasse entstand 1875 im Stil des Historismus. Ende des 19. Jhs. kam die gegenwärtig noch immer genutzte Polizeikaserne an der Zeughausstrasse hinzu. Die zwischen der Sihl und dem Schanzengraben errichteten Stallungen dienen heute als **Theaterhaus Gessnerallee** (> S. 79). Seit dem Abzug des Militärs 1987 wurde das Areal mit der ursprünglichen Farbgebung restauriert.

Inzwischen hat sich eine Reihe von Gastronomie- und Kulturbetrieben im Kasernenareal niedergelassen, etwa das **Theater Maxim** (Zeughausstr. 60), die Eventlocation **Alte Kaserne** im einstigen Zeughaus 5 (Kanonengasse 16) und der **Kunstverein Walcheturm** (Kanonengasse 20).

Blick über die Gessnerbrücke zur Sihlpost

Die Exerzierwiese wird heute überwiegend als Freiraum im Quartier Aussersihl genutzt.

Sihlpost 9 und Europaallee

Hinter dem Hauptbahnhof ist das mächtige Gebäude der **Sihlpost** mit seiner markanten Uhr weithin sichtbar. Durch die im Jahr 2008 erfolgte Zusammenlegung mehrerer Postverteilzentren westlich von Zürich wurde zwischen Lagerstrasse und den Gleisen des Hauptbahnhofs ein 78 000 m² großes Areal frei.

Das hier entstehende Projekt **Europaallee** sieht eine vielfältige urbane Nutzung vor; zunächst wird das neue Gebäude der Pädagogischen Hochschule Zürich für 1800 Studenten direkt hinter dem verbliebenen vorderen Teil der Sihlpost errichtet. Die Studierenden sind dort in guter Gesellschaft angesichts der nahe gelegenen Berufsmaturitätsschule und dem Schweizerischen Institut für Betriebsökonomie. Nach Zürich-

West bildet die Europaallee das zweite wichtige Großbauprojekt der Stadt.

Das neue Zürich-West

**— ❹ — Escher-Wyss-Platz ›
Turbinenplatz › *Schiffbau ›
Prime Tower › *Viadukt ›
Löwenbräu-Areal mit Kunst-
halle › Escher-Wyss-Platz**

Dauer: 3-4 Std. zu Fuß
Praktische Hinweise: Den Escher-Wyss-Platz bedienen die Tramlinien 4, 13 und 17 über Hauptbahnhof und Limmatplatz. Die beste Zeit ist am Nachmittag, um abends das Ausgehviertel Zürich-West zu erleben; am Sonntag ist die Shoppingmeile »Im Viadukt« geschlossen. Tour 4 lässt sich auch in die vorhergehende Tour 3 als langer Abstecher vom Limmatplatz aus einbauen, der an der Tramlinie zum Escher-Wyss-Platz liegt.

Heute ein Theater: der Schiffbau

Escher-Wyss-Platz 🔟

Der wichtige Verkehrsknotenpunkt im Industriequartier wurde nach dem Maschinenbauunternehmen Escher Wyss AG benannt, das hier ab dem Ende des 19. Jhs. seinen Sitz hatte. 1805 als Hersteller von Spinnmaschinen gegründet, erwarb sich Escher Wyss im Industriezeitalter einen weltweiten Ruf als Maschinen- und Turbinenbauer. Da sich im Umkreis des Großbetriebs weitere Unternehmen ansiedelten, erhielt der Kreis 5 seinen Namen »Industriequartier«.

Seit der Übernahme von Escher Wyss durch die Sulzer AG und dem späteren kompletten Ausverkauf sind nur noch wenige Industriebetriebe wie MAN Turbo auf lediglich 6 ha verblieben, der größte Teil des Areals wurde in jüngster Zeit als **Entwicklungszone Zürich-West** umgestaltet.

Rund um den Platz hat sich rasch eine <mark>aktive Ausgehmeile</mark> <mark>mit Bars, Clubs und Restaurants</mark> entwickelt. Seit der Eröffnung der neuen Tramverbindung Zürich-West 2011 durchqueren gleich drei Straßenbahnlinien den Platz.

Turbinenplatz 1️⃣1️⃣

Der mit 14 000 m² flächenmäßig größte Platz Zürichs entstand erst 2003. In seine Gestaltung floss die historische Entwicklung des Industrieareals durch die verwendeten Materialien mit ein – etwa durch den Betonboden des Platzes. Auffallend ist besonders die abendliche Beleuchtung in den Farben blau, violett und orange.

Den Turbinenplatz säumt eine Reihe großer Bauten: westlich der 1993 eröffnete **Technopark,** in dem junge Startup-Unternehmen ein günstiges Umfeld für eine erfolgreiche Entwicklung finden. Das 2004 um die ehemalige Gießereihalle entstandene Veranstaltungszentrum **Puls 5** reicht auf einer Länge von 170 m bis zur Hardturmstrasse und beinhaltet neben der zentralen Halle auch Ateliers, Geschäfte und gastronomische Einrichtungen sowie Loftwohnungen.

*Schiffbau 12

Die ehemalige Kesselschmiede der Escher Wyss AG, in der einst auch Schiffe gebaut wurden, dient seit 2002 dem Schauspielhaus (❯ S. 127) als Produktions- und Spielstätte mit bis zu 600 Plätzen auf drei Bühnen. Charakteristisch ist der Haupteingang mit seiner gelblichen Backsteinfassade. Die Gestaltung verbindet Alt und Neu auf raffinierte Weise. Der längliche Schiffbau bietet außerdem noch Platz für zwei trendige Einrichtungen: der **Jazzclub Moods** (❯ S. 52) sorgt für den richtigen Sound, das **Restaurant LaSalle** (❯ S. 28) für kulinarische Entdeckungsreisen (Schiffbaustr. 4).

Echt gut!

Prime Tower 13

Mit dem 126 m hohen Prime Tower hat Zürich nicht nur ein neues Wahrzeichen bekommen, sondern gleichzeitig das höchste Gebäude der Schweiz. Gestaltet vom Zürcher Architektenbüro Gigon/Guyer in dunkelgrüner

Der Prime Tower ist ein Symbol für den Aufschwung in Zürich-West

Vollverglasung nach neuesten Umweltschutzrichtlinien, bildet er gleich neben dem Bahnhof Hardbrücke das auffallende Herzstück des neuen Zürich-West. Der Komplex beinhaltet auch die nebenstehenden Gebäude »Diagonal«, »Cubus« und »Platform«, die mit maximal sieben Stockwerken deutlich niedriger ausfallen. Der Prime Tower bietet 2000 Mitarbeitern auf 36 Etagen einen Arbeitsplatz mit Aussicht, vor allem in Büros und einem Konferenzzentrum. Gleich mehrere Gastronomiebetriebe kümmern sich um das leibliche Wohl, das Gourmetrestaurant in der 35. Etage bietet dazu einen tollen Blick über die Stadt. (Hardstr. 201, www. primetower.ch.)

Die Markthalle im Viadukt verlockt mit ihrem vielfältigen Angebot zu einem ausgedehnten Einkaufsbummel

*Im Viadukt 14

Anno 1894 wurde der Aussersihler Eisenbahnviadukt im Zürcher Westen errichtet, der sich vom Hauptbahnhof in weitem Bogen zum Bahnhof Wipkingen schwingt und über den heute Fernzüge und S-Bahnen in Richtung Oerlikon donnern.

Nachdem die alternative Kleinkunst bereits vor geraumer Zeit die Bögen des Unterbaus entdeckt hatte, entstand im Frühjahr 2010 unter Federführung einer Stiftung und mit Beteiligung der Anwohner des Viertels die sicherlich ungewöhnlichste Shopping- und Freizeitmeile Zürichs. Geschäfte, Restaurants und Dienstleistungsbetriebe fanden in den einheitlich gestalteten Bereichen zwischen den 53 Bögen Platz.

Einen Besuch wert ist vor allem die Markthalle mit ihrem reichhaltigen Angebot an frischem Obst und Gemüse sowie einer riesigen Vielfalt verschiedenster anderer Lebens- und Genussmittel. Im Kontrast zum unweit gelegenen Prime Tower und ähnlichen hypermodernen Bauten bietet der Viadukt einen willkommenen Beitrag zur Stadtentwicklung, der sich vor allem am Wohl der Bewohner des Zürcher Westens orientiert. (Limmatstr. 231, www.im-viadukt.ch, Öffnungszeiten Markthalle: Mo–Sa 8–20 Uhr, Restaurants: Mo–Do 10–24 Uhr, Fr/Sa 8–24, So 9–17 Uhr.)

Löwenbräu-Areal 15

Die einstige Zürcher **Brauerei Löwenbräu** ließ sich 1898 auf dem Gelände an der Limmatstrasse mit eigenem Gleisanschluss nieder. Nach wechselnder Geschichte kaufte der damals ebenfalls in Zürich ansässige Konkurrent Hürlimann die Brauerei, wodurch der Standort 1986 geschlossen wurde. Zehn Jahre später wurde Hürlimann selbst von der größten Schweizer Brauerei, Feldschlösschen in Rheinfelden, geschluckt.

Das damals leer stehende Areal entwickelte sich seit 1996 zu einer **Drehscheibe für zeitgenössische Kunst.** Hier siedeln vor allem das **Migros Museum für Gegenwartskunst,** finanziert von einem der beiden Schweizer Supermärkte, sowie der Verein **Kunsthalle**

Zürich, der überwiegend Ausstellungen internationaler Gegenwartskunst veranstaltet (Limmatstr. 270, www.migrosmuseum.ch; www.kunsthalle.ch).

Noch bis 2013 wird das Löwenbräu-Areal aufwendig renoviert und um moderne, kubusähnliche Gebäude sowie einen 70 m hohen schwarzen Turm erweitert, die in spannendem Kontrast zur Architektur der denkmalgeschützten roten Backsteingebäude stehen. Damit soll zusätzlicher Wohnraum im Industriequartier geschaffen werden. Währenddessen sind Teile der bisherigen Ausstellungen der einzelnen Veranstalter an unterschiedlichen Orten in Zürich zu sehen.

Das fehlende Hardturm-Stadion

Der Hardturm war bis 2007 die Spielstätte des altehrwürdigen Fußballvereins Grasshopper-Club Zürich, den die überwiegend aus der Bürgerschicht stammenden Anhänger einfach nur »Geze« nennen. Der eher dem Arbeitermilieu angehörende, derzeit erfolgreichere Lokalrivale FC Zürich spielt traditionell im Letzigrundstadion, ebenfalls im Westen der Stadt, jedoch auf der südlichen Seite der Eisenbahngleise.

Für die gemeinsam mit Österreich ausgetragene Europameisterschaft 2008 sollte ursprünglich anstelle des Hardturms ein neues reines Fußballstadion mit einer Kapazität von 30 000 Zuschauern entstehen. Zwar hatte das Stimmvolk das Projekt gutgeheißen, jedoch scheiterte die Umsetzung an den Einwohnereinsprachen.

Die Lösung für die Euro 2008 wurde im ohnehin geplanten Neubau des alten Letzigrunds gefunden, das seit jeher auch als Leichtathletikarena diente. In dem neuen, wegen der 31 schlanken Flutlichtmasten auch »Geburtstagstorte« genannten Stadion fanden die Zürcher Spiele der Europameisterschaft statt; inzwischen ist es die Spielstätte beider Vereine GC und FCZ. Im Jahr 2014 findet im Letzigrund die Leichtathletik-EM statt.

Eigentlich scheint damit allen gedient – doch nun machen erneut Pläne für eine reine Fußballarena anstelle des fehlenden Hardturms die Runde. Für 2016 ist angeblich der erste Anstoß geplant.

Der Südwesten

Nicht verpassen!

- Im Museum Rietberg die Sammlung außereuropäischer Kunst besichtigen
- Alternative Veranstaltungen in der Roten Fabrik besuchen
- Die sommerliche Ferienatmosphäre auf der Terrasse der Seerose genießen
- Ein klassisches Konzert in der Tonhalle erleben
- Die Architektur des Bahnhofs Enge auf sich wirken lassen

Zur Orientierung

Das Westufer des Zürichsees steht touristisch nicht so sehr im Vordergrund, was überraschende Entdeckungen fernab des Rummels ermöglicht. Das Gebiet beginnt mit dem Quartier Enge, das 1893 eingemeindet wurde und heute wie das weiter südlich gelegene Wollishofen zum Kreis 2 gehört.

Die Bebauung des Viertels entstand zum Großteil Ende des 19. Jhs. in historisierenden Stilen; dazu kommen etliche Villen, Landsitze und schlossähnliche Bauten teils älteren Datums, die heute zumeist internationalen Institutionen oder Versicherungen gehören. Das Museum Rietberg in Enge genießt mit seiner hervorragenden Sammlung außer-

europäischer Kunst internationalen Ruf. Auf dem Areal der einstigen Brauerei Hürlimann befindet sich der europäische Hauptsitz von Google. Aufgelockert wird das Quartier von einer Reihe von Grünanlagen, darunter Belvoirpark und Rieterpark.

Im Südwesten schließt sich Wollishofen an, ebenfalls zwischen Sihl und Zürichsee gelegen. Einst siedelten hier Pfahlbauer; die dörfliche Prägung hatte Bestand bis zur Industrialisierung, deren frühe Spuren in der Roten Fabrik noch sichtbar sind.

Wer das Sihltal entlang in Richtung Luzern fährt, durchquert auch Leimbach, Zürichs südlichsten Stadtteil.

Tour im Südwesten

Von Enge bis Wollishofen

– ❺ – **Bürkliplatz › Arboretum › Seebad Enge › *Bahnhof Enge › Sihlcity › *Kirche Enge › **Museum Rietberg › *Belvoirpark › Muraltengut › Bahnhof Wollishofen › Rote Fabrik › Seerose**

Afrika-Sammlung im Museum Rietberg

Dauer: 4–5 Std. zu Fuß; Rückweg mit Bus 161/165 zum Bürkliplatz oder per Schiff möglich

Praktische Hinweise: Die Tour startet am Bürkliplatz bzw. am Ende der Bahnhofstrasse und empfiehlt sich besonders bei schönem Wetter am Nachmittag, mit Ausklang bei einem frühen Abendessen in der Seerose. Das Museum Rietberg hat Mo geschlossen.

Bürkliplatz 1

Am Bürkliplatz beginnt der General-Guisan-Quai, der den Schanzengraben mit dem angrenzenden Hotel Baur au Lac (❯ S. 21) überquert und nach dem Oberbefehlshaber der Schweizer Armee während des Zweiten Weltkriegs benannt wurde. Stadtplaner Arnold Bürkli erstellte die Pläne zur Aufschüttung des Zürichsees, nach denen 1887 die breite Uferpromenade angelegt wurde.

Kongresshaus und *Tonhalle 2

Das **Kongresshaus** entstand zur Landesausstellung 1939 als vergleichsweise moderner Komplex, immerhin in spektakulärer Panoramalage. Viele Weltstars aus Musik, Wirtschaft und Wissenschaft sowie Persönlichkeiten wie der Dalai Lama treten regelmäßig im Kongresshaus auf.

In das Konzept des Kongresshauses wurden zwei Säle und weitere Teile der 1895 von den Wiener Architekten Fellner und Helmer erbauten **Neuen Tonhalle** mit eingebunden. Die ursprüngliche Alte Tonhalle stand auf der heutigen Sechseläutenwiese (❯ S. 115).

In der jetzigen Tonhalle spielt das älteste Schweizer Sinfonieorchester unter Chefdirigent David Zinman vorwiegend klassische Werke vom 18. bis ins frühe 20. Jh. Wegen seiner hervorragenden Akustik entstehen in der Tonhalle viele CD-Aufnahmen. (Claridenstr. 7, Tel. 044 206 34 34, www.tonhalle.ch.)

Echt gut!

Rotes Schloss 3 und Weisses Schloss

Links neben dem Kongresszentrum fällt das 1893 erbaute **Rote Schloss** auf, eigentlich nur ein Wohn- und Geschäftshaus mit Seesicht. Der Name bezieht sich auf das schlossähnliche Aussehen mit allerhand Türmchen und Spitzen im Stil der französischen Renaissance. Ruhig geht es im begrünten Innenhof des U-förmigen Komplexes zu. Das Gebäude gehört der Swiss Life, die 1857 als Schweizerische Rentenanstalt gegründet wurde.

Zwei Häuser weiter links steht mit dem **Weissen Schloss** ein nicht weniger pompöses Gebäude, allerdings durch den altweißen Sandstein weniger auffallend als das Rote Schloss. In dem ebenfalls 1893 fertiggestellten Komplex mit Merkmalen des französischen Manierismus siedeln heute verschiedene kleinere Firmen und herrschaftliche Wohnungen.

Die Einmündung des General-Guisan-Quais in das Mythenquai säumen gleich zwei Gebäude der Rentenanstalt, heute **Swiss Life**: rechts der General-Wille-Strasse der rote einstige Hauptsitz von 1898, links das jetzige Hauptquartier von 1940. Im weiteren Verlauf des Mythenquais folgen noch die **Zürich Versicherungen** sowie die **Swiss Re,** einer der größten Rückversicherer der Welt.

Arboretum 4

Die in der seeseitigen Kurve zwischen General-Guisan-Quai und Mythenquai gelegene Parkanlage

Das Seebad Enge am Mythenquai

sollte 1887 gleichzeitig mit dem
Bau des Quais zunächst als Land-
schaftsgarten entstehen, wurde
dann aber als Arboretum (von lat.
arbor, Baum) mit wissenschaftlich
geprägter Baumbepflanzung, ma-
lerisch gruppierten Gehölzen und
einer Gesteinssammlung model-
liert. Inzwischen von den meisten
unpassenden Veränderungen be-
freit, wurde dieser Teil der See-
anlagen ein beliebtes Freizeit-
refugium der Bevölkerung. Im
Arboretum steht eine Büste von
Stadtplaner Arnold Bürkli.

Seebad Enge 5

Gleich an die Parkanlage schließt
sich das privat geführte Seebad
Enge mit Sicht auf die Alpen an,
das über einen mehr als 300 m
langen Sandstrand verfügt, aufge-
teilt in ein gemischtes und ein
Frauenbad. Sichtbar ist von hier
die kleine Wasserfontäne, die wie
ihr großer Bruder im Genfer See
»Jet d'Eau« heißt. Die kleinen
Boote, die man vom Ufer aus
sieht,   gehören zum Zürcher

Yacht-Club. Inzwischen wird auch
die neueste Art des Surfens mit
dem Stand Up Paddle angeboten.
In der Winterzeit sind immerhin
Sauna mit anschließendem Baden
im See und Massage möglich.

*Bahnhof Zürich Enge 6

Die General-Wille-Strasse führt
von den Quaianlagen zum Tessi-
nerplatz, dessen Name auf die
Herkunft der Granitsteine zu-
rückgeht, die beim Bau des Bahnhofs Enge Verwendung fanden.
Dessen Gebäude entstand 1927 in
Form eines Halbrunds mit einer
mächtigen Uhr und markanten
Bögen in der Fassadengestaltung.
Heute halten hier statt den einstigen Fernzügen lediglich mehrere
Linien der S-Bahn in Richtung
Thalwil und Pfäffikon. Durch die
verhältnismäßig hohe Anzahl der
Arbeitsplätze im Vergleich zur
Einwohnerzahl wird der Bahnhof
von vielen Pendler auf ihrem täg-
lichen Arbeitsweg passiert (Tessinerplatz 10–12).

Der Südwesten][Von Enge bis Wollishofen

Sihlhölzli S
Sihl
Thermalbad
Giessübel
Parking
Gutenbergstr.
Genfer Str.
Dreikönigstr.
Bodmerstr.
Gotthard Str.
Tunnelstrasse
Spügenstr.
Tödistr.
Tessinerplatz
Bahnhof Enge
General-Wille-Str.
General-Guisan-Quai
Landungstelle Theater
Segel-Klub-ZYC
Schiffstation Bürkliplatz

Brandschenkestr.
Klopstockstr.
Maneessestr.
Breitingerstr.
Drei-königs-kirche
Alfred-Escher-Str.
Mythenquai
Hafen Enge
Landungstelle Seerestaurant

Edenstr.
Bederstr.
Rieterstr.
Englimattstr.
Seestr.
Gablerstr.
Schulhausstr.
Gablerstr.
Lavaterstr.
R.-Wagner-Str.
C.-Ferdinand-Meyer-Str.

Bübenbergstr.
Saalsporthalle
ENGE
Waffenplatzstr.
Scheideggstr.
Rieterstr.
Belvoirpark
Rieterpark

Zürichsee

Islerstr.
Allmendstr.
Sportanlage Allmend-Brunau
Brunaustr.
Kurfirstenstr.
Scheideggstr.
Bellariastr.
Kappelistr.
Seestr.
Strandbad Mythenquai

Brunau S
Mutschellenstr.
Aspw.
Billow.
MURALTENGUT

Gfellstr.
Bellariarain
Abendw.
Gretenw.
Seestr.
Landi-wiese
Saffa-Insel
Werft der Zürichsee-schiffahrts-gesellschaft

Thujastr.
Bellariastr.
Bahnhof Wollishofen S
Staubstr.
Schiffstation Wollishofen
Zürichsee

Friedhof Manegg
Tannenraichstr.
Mutschellenstr.
Erzelweg
Rengg.str.
Bachstr.

Morgental
Wächter-Rainstr.
Wiesenw.
strasse
Kirchbergstr.
Rüminnp.steig
Bibliothek
Wettsteinstr.
Hoff-nungsstr.
Johanna-Kirchberg

Rainstr.
Besenrainstr.
Speerstr.
Bachstr.

Bruchstr.
Manegg S
Frohalpstr.
Imkelstr.
Butzenstr.
Tatenw.
Lettenholzstrasse
Kalchbühlstr.
Strandbad Wollishofen
Hafen Wollishofen
Restaurant Seerose

Entlisbergstrasse
Owenweg
Haurlw.
Moosstrasse
Albisstrasse
Widmerstrasse
Seestrasse
Kirchberg strasse
Teller Str.

Enge und Wollishofen
WOLLISHOFEN
HORN
Campingplatz Horn
Hafen Horn
Horng.

0   300 m

Abstecher Sihlcity 7

Vom Bahnhof Enge aus fährt die Straßenbahn zwei Stationen zum neuen Shoppingzentrum im Zürcher Südwesten – man kann aber auch den Fußweg entlang der Bederstrasse nehmen. Das Sihlcity wurde 2007 auf dem Gelände einer einstigen Papierfabrik als »Urban Entertainment Center« eröffnet. Einige der einstigen Industriegebäude wurden mit in die Gestaltung einbezogen, unter anderem der weithin sichtbare Kamin sowie das neue **Restaurant Rüsterei** (> S. 30) in einer historischen Fabrikhalle am Kalanderplatz. Der Komplex enthält auch ein Multiplexkino, ein Hotel und sogar eine eigene Kirche (Kalanderplatz 1, www.sihlcity.ch).

*Kirche Enge 8

Zurück von Sihlcity oder ein paar Schritte vom Bahnhof entlang der Seestrasse liegt der Aufgang auf die Bürgliterrasse zur erhöht gelegenen evangelisch-reformierten Kirche Enge. Entstanden 1894 im

Im Einkaufszentrum Sihlcity

Stil der Neorenaissance, wirkt vor allem die Seesicht des Kreuzkuppelbaus mit der einladenden Freitreppe aus Granit repräsentativ. Der 60 m hohe Turm im Stil eines italienischen Campanile kann von Frühjahr bis Herbst jeden zweiten Donnerstag im Monat bestiegen werden (Bürglistr. 11). Von der Kirche Enge führen Bürglistrasse und Joachim-Hefti-Weg zum Museum Rietberg.

6 **Museum Rietberg 9

Das 1952 eröffnete Museum im öffentlich zugänglichen **Rieterpark** zeigt die einzige Sammlung außereuropäischer Kunst in der Schweiz. Der deutsche Kaufmann Otto Wesendonck ließ den prächtigen Park mit seinem reichen Baumbestand anlegen und drei stattliche Villen bauen: die neoklassizistische Villa Wesendonck von 1857, die später entstandene Park-Villa Rieter sowie die Villa Schönberg, in der Richard Wagner Teile seiner Opern »Das Rheingold« und »Tristan und Isolde« komponierte. Der Name des 2007 eröffneten unterirdischen Erweiterungsbaus Smaragd geht auf ein von Wagner vertontes Gedicht von Mathilde Wesendonck zurück.

Das auf die genannten Gebäude aufgeteilte Museum beinhaltet Exponate aus Indien, China, Japan und Südostasien sowie aus Afrika, Amerika und dem Nahen Osten. Ein großer Teil der Skulpturensammlungen geht auf den Gründungsdonator Baron Eduard von der Heydt zurück. Die Vermittlung von Kunst und das Verständnis für fremde Kultur stehen

Echt gut!

Die interessantesten Museen

- Die Porzellansammlung im **Zunfthaus zur Meisen** gegenüber dem Fraumünster gehört zum Schweizerischen Nationalmuseum. ❭ S. 84
- Das **Landesmuseum** hinter dem Bahnhof zeigt Geschichte und Kultur der Schweiz in mehr als 100 Räumen. ❭ S. 92
- Das **Museum Rietberg** im Stadtteil Enge präsentiert außereuropäische Kunst im Rieterpark. ❭ S. 107
- Interessante Wechselausstellungen rund um die Geschichte des Kaffees präsentiert das **Johann-Jacobs-Museum**. ❭ S. 117
- Das **Kunsthaus** widmet sich vor allem der klassischen Moderne, zeigt aber auch Schweizer Malerei des 19. Jh. ❭ S. 126
- Junge und jung gebliebene Technikfreaks reisen nach Winterthur zum interessanten Erlebnismuseum **Technorama**. ❭ S. 137

im Vordergrund der Arbeit des Museums. (Gablerstr. 15, Tel. 044 206 31 31, www.rietberg.ch, Di–So 10–17, Mi/Do bis 20 Uhr.)

*Belvoirpark 🔟

Als einer der früheren Landschaftsgärten auf dem Gebiet der Stadt Zürich entstand der Belvoirpark bereits 1826, als Heinrich Escher-Zollikofer den Hügel am See kaufte, exotische Bäume anpflanzte und eine Villa im Stil des Klassizismus erbauen ließ. Nachdem sein berühmter Sohn Alfred Escher den Landsitz geerbt hatte, nahm der Bau der Eisenbahnlinie den direkten Zugang zum See.

Seit 1891 ist die Parkanlage öffentlich zugänglich und wurde zunächst für die Schweizerische Gartenbau-Ausstellung 1959 erweitert; in den 1980er-Jahren, kam noch der Irisgarten mit seinen Schwertlilien hinzu. Die Villa dient seit 1925 als Hotelfachschule, dessen Restaurant Belvoirpark zu den Gourmettempeln der Stadt gehört (Seestr. 125).

Echt gut!

*Sukkulentensammlung 🔟

Saftspeichernde Pflanzen wie Agaven, Aloe und Kakteen aus Trockengebieten wie Wüsten oder Steppen werden Sukkulenten genannt. Auf Basis der Sammlung des Kakteenzüchters Jakob Gasser entstand 1931 die Anlage am Standort der einstigen Stadtgärtnerei; später wurde sie mehrfach erweitert. In den sechs Schauhäusern sind rund 25 000 Exemplare aus 8000 Arten auf fast 5000 m² zu sehen. (Mythenquai 88, Tel. 043 344 34 80, www.sukkulenten. ch, tgl. 9–16.30 Uhr.)

Vom Muraltengut zum Bahnhof Wollishofen 🔢

An die Sukkulentensammlung schließt sich das **Strandbad Mythenquai** an, bereits das zweite an diesem Uferabschnitt des Sees.

Hinter der Bahnlinie ist das **Muraltengut** zu sehen. Der im 18. Jh. von Johannes Werdmüller errichtete barocke Landsitz wird heute von der Stadt Zürich für Repräsentationszwecke genutzt. Der Park ist öffentlich zugänglich.

Den **Bahnhof Zürich-Wollishofen** fahren heute die S-Bahnen S 8 und S 24 auf dem Weg nach Thalwil an. Das älteste Bahnhofsgebäude der Stadt wurde hier 1897 errichtet – und zwar Stein für Stein umgesetzt vom einstigen Bahnhof in Zug, der dort 1864 erbaut wurde. Heute wird das historische Gebäude nicht mehr von der SBB betrieben, stattdessen beherbergt es das **Quartierrestaurant Sasso** (❯ S. 36).

Echt gut!

Auf Höhe des Bahnhofs breitet sich direkt am See die **Landiwiese** mit der kleinen **Saffa-Insel** aus. Die grüne Oase wird v. a. für Kulturveranstaltungen wie Freestyle, das Zürcher Theaterspektakel oder das Züri-Fäscht genutzt. Dahinter liegt die **Werft** der Zürichsee-Schiffahrtsgesellschaft.

Rote Fabrik 🔢

Das Areal der 1892 gegründeten und aus rotem Backstein bestehenden Seidenfabrik wandelte

In der Roten Fabrik

sich 1980 zum alternativen Kulturzentrum Rote Fabrik. Vorausgegangen waren die »Opernhauskrawalle«: zu regelrechten Straßenschlachten ausgeartete Proteste gegen die Subventionierung des Opernhauses, während für kulturelle Veranstaltungen der inzwischen hier eingezogenen Jugendbewegung keine Mittel bereitgestellt wurden. Seit 1981 steht die Rote Fabrik unter Denkmalschutz, sechs Jahre später ent-

Thermalbad statt Bierbrauerei

Auf dem Gelände der einstigen Zürcher Brauerei Hürlimann war nicht nur Platz für die Europazentrale von Google, sondern auch für das erste **Thermalbad & Spa** mit dem Wasser der Zürcher Aqui-Quelle und irisch-römischem Baderitual – Erholung und Aussicht über die Stadt verbinden sich auf einmalige Weise. (Brandschenkestr. 150, Tel. 044 205 96 50, www.thermalbad-zuerich.ch, tgl. 9–22 Uhr.)

schied das Zürcher Stimmvolk für eine subventionierte und somit dauerhafte Nutzung.

Auf dem Programm stehen vor allem Konzerte von Rock und Jazz, Theateraufführungen, Disco und Kleinkunst. Einige Künstler arbeiten hier in ihren eigenen Ateliers. Der Name des **preiswerten Restaurants Ziegel oh Lac** ist eine Anspielung an die Luxushotels Baur au Lac und Eden au Lac weiter vorn am Zürichsee. (Seestr. 395, Tel. 044 485 58 58, www.rotefabrik.ch)

Kurz vor der Roten Fabrik befindet sich die **Schiffsstation Wollishofen,** die mit dem Bürkliplatz verbunden ist und auch Ausflüge auf dieser Seite des Zürichsees ermöglicht.

Seerose und Seebucht

Im luftigen Flanierrestaurant **Seerose** 🅸 direkt am Anleger im Süden von Wollishofen, noch hinter der Roten Fabrik, flirten gut gekleidete Manager mit Künstlerinnen in ausgelassener Stimmung. Aber hier gilt nicht nur Sehen und Gesehenwerden: Die **feinen Fisch- und Fleischgerichte** vermitteln südliche Urlaubsatmosphäre. Zum Mittagstisch sollte man bei gutem Wetter reservieren, am Abend genießen viele Zürcher hier ihren Feierabend. (Seestr. 493, Tel. 044 481 63 83, www.dinning.ch, ●●–●●●.)

Vor dem Haus hält der Bus der Linien 161 und 165 – für den Rückweg zum Bürkliplatz innerhalb von sieben Minuten. Nur wenige Boote laufen die Anlegestelle der Seebucht an.

Noch weiter südlich liegt der einzige **Campingplatz** auf dem Stadtgebiet (ganzjährig geöffnet) mit der **Beiz Fischer's Fritz** (Seestr. 559, Tel. 044 482 16 12, www.fischers-fritz.ch; Beiz Jan. bis März geschl.).

Rund um den Zürichsee

Wer die Zürcher fragt, was eigentlich die Lebensqualität in Zürich ausmacht, dem wird als eine der ersten Antworten bestimmt die Lage am Zürichsee mit ihren Freizeitmöglichkeiten genannt. Der 42 km lange See mit 89 km² Wasserfläche ist ein Überbleibsel einer frostigen Vergangenheit, als die Zunge des Linthgletschers bis zum heutigen Zürich reichte. Die letzte »Seegfrörni« war 1963. In unseren Tagen gestattet ein wesentlich milderes Klima am Nordufer sogar Weinbau. Den besten Blick auf den bananenförmigen Zürichsee bietet der Aussichtsberg Pfannenstiel.

Ausflug per Schiff

Vom Hauptanleger am Bürkliplatz verkehren mehrmals stündlich die Schiffe der Zürichsee Schifffahrtsgesellschaft (ZSG) über den See, im Winter in reduziertem Umfang (Tel. 044 487 13 33, www.zsg.ch).

7 Raddampfer

Die letzten Zeugen vergangener Epochen sind die stilvollen Schaufelraddampfer »Stadt Zürich« (1909) und »Stadt Rapperswil« (1914), die während der Saison von April bis Oktober zwischen Zürich und Rapperswil ein nostalgisches Flair versprühen. Bei schönem Wetter hat man einen traumhaften Blick auf die Alpen. Abfahrt ist in der Regel um 10.30 und 15.30 Uhr ab Bürkliplatz (❭ S. 104); den definitiven Einsatz erfragt man am Tag der Fahrt unter Tel. 044 487 13 21.

Themenfahrten

Die ZSG hat sich eine Vielfalt von Themen ausgedacht, eine Schifffahrt mit einem kulinarischen Anlass zu verbinden. Typische Beispiele sind das Chäs-Fondue-Schiff, das Sommer-Brunch-Schiff oder das Schnitzel-Schiff. Die »Traumschiffe« fahren aber auch thematisch nach Mottos wie Oldies, Schlagerparty, Casino oder Improvisationstheater.

Linienfahrten

Viele Zürcher nutzen die Schiffe auch als ganz normales Verkehrsmittel, um vom Anleger am Bürkliplatz zum Zürichhorn, nach Enge oder Wollishofen sowie zu den Orten am See zu gelangen.

Selbst auf dem See

Das nautische Zentrum **Lago** vermietet kleinere und größere Schiffe bis zur Segelyacht (Utoquai 6, 8008 Zürich, Tel. 044 262 22 20, www.lago-zuerich.ch).

Tret- und Ruderboote können auch beim **Hafen Enge** angemietet werden, ebenso führerscheinpflichtige Motorboote (Mythenquai 25, 8002 Zürich, www.bootsvermietung-zuerich.ch).

Seeüberquerung

Einmal über den See zu schwimmen, ist der Traum vieler Schwimmer. Jedes Jahr im Sommer wird dieser Traum verwirklicht und die Überquerung der 1500 m langen Strecke vom Strandbad Mythenquai bis zum Strandbad Tiefenbrunnen öffentlich veranstaltet. Alternativ ist auch Aquajoggen möglich (Termin 2012: 4. Juli; www.seeueberquerung.ch).

Wandern rund um den Zürichsee

Der mit der Ziffer 84 ausgeschilderte Zürichsee-Rundweg verläuft über 115 km durch historische Städte, malerische Dörfer, Villenquartiere und Schlossparks. Der Weg ist in zehn Etappen entgegen dem Uhrzeigersinn eingeteilt, also von Zürich via Adliswil und zurück über Küsnacht.

Ausflugsorte am See

Die Agglomeration am See hat gut eine Million Einwohner, fast dreimal so viel wie Zürich. Neben der mittelalterlichen Rosenstadt **Rapperswil** (❯ S. 132) lohnen auch andere interessante Orte am Zürichsee einen Besuch:

Küsnacht an der »Goldküste«, wo sich viele Prominente wie Tina Turner niedergelassen haben, bietet ausgedehnte Möglichkeiten zum Wandern und Mountainbiken sowie exzellente Restaurants, z. B. Rico's Kunststuben (❯ S. 28) und das Seehotel Sonne (Seestr. 120, Tel. 044 914 18 18, www.sonne.ch, ●●).

Highlights in **Pfäffikon** sind das Erlebnisbad Alpamare (❯ S. 20) und das Casino. Der 1878 gebaute knapp 1 km lange Seedamm verbindet beide Seeseiten zwischen Pfäffikon und Rapperswil.

Wädenswil wartet im Zentrum mit historischen Fachwerk-Bauernhäusern auf, und in **Kilchberg** produziert seit 1899 die Schokoladenfabrik Lindt & Sprüngli an der Seestrasse.

Blick vom Dolder über Zürich

Der Osten

Nicht verpassen!

- Eine Aufführung im Zürcher Opernhaus besuchen
- Am See entlang bis zum Zürichhorn flanieren
- Die Bedeutung des Kunsthauses bei einer Ausstellung verstehen
- Die Tierwelt von Madagaskar in der Masoala-halle des Zoos erleben
- Die Aussicht vom Dolder Grand genießen

Zur Orientierung

Östlich der Altstadt erstrecken sich die Stadtkreise 6 bis 8 mit recht verschiedenem Charakter im Vergleich zum Zürcher Westen. Die Eidgenössische Technische Hochschule (ETH) sowie die Universität gehören noch zur Altstadt, markieren jedoch bereits die Grenze zu den östlichen Quartieren. Wer nicht nur bei Bahnhofstrasse und Niederdorf verharren möchte, sollte diese Viertel unbedingt besuchen.

Direkt am See liegt der Kreis 8, der praktisch mit dem Opernhaus beginnt und entlang des Zürichsees bis zur Stadtgrenze reicht. Statt dem einstigen Gemeindenamen Riesbach nennt der Volksmund das ganze Gebiet meist Seefeld nach dessen seenahem Quartier, das zugleich die meisten Sehenswürdigkeiten im Kreis 8 aufweist, wie die Kunstmeile Zürichhorn und den Chinagarten. Viele Zürcher schätzen das bunte Treiben an der Seepromenade, Familien sind mit Kinderwagen unterwegs, junge Menschen planschen im Seebad Utoquai direkt am Zürichsee.

Im Nordosten der Altstadt liegt der Kreis 6 mit den beiden Quartieren Unterstrass und Oberstrass, die Namen beziehen sich auf den jeweiligen Teil der Straße von Zürich in Richtung Winterthur. In Unterstrass befinden sich der naturnahe Irchelpark sowie Teile der Universität. Oberstrass um-fasst mit dem Zürichberg zumindest teilweise einen der Zürcher Hausberge. Während der Industrialisierung suchten sich die wohlhabenden Fabrikanten an dessen sonnigen Hängen Platz für ihre Villen, nachdem die Reblaus den dort zuvor angelegten Weinbergen arg zugesetzt hatte. Im Quartier klettert die schmalspurige Standseilbahn Rigiblick auf den Zürichberg.

Schließlich umfasst der Kreis 7 vor allem die Quartiere Fluntern und Hottingen, die zusammen mit Oberstrass und Unterstrass im ausgehenden Mittelalter die »Vier Wachten« bildeten, gemeinsam Steuern zahlten und in Kriegsfällen zusammenstanden. Auch in Fluntern wurde Weinbau betrieben, heute zeugt die Alte Kirche Fluntern noch vom dörflichen Charakter des Quartiers. Auf dem Zürichberg in Fluntern liegen außerdem der Zoo mit seiner interessanten Masoalahalle, der Sitz der FIFA sowie das Universitätsspital. In Hottingen ließen sich vor allem Uniprofessoren und das reiche Bürgertum in noblen Villen am Zürichberg nieder. Das vom Stadtwald umgebene Dolder Grand Hotel am Ausläufer des Adlisbergs gehört ebenfalls zu Hottingen. Kreis 7 gehört angesichts der Bausubstanz und der Aussicht über den Zürichsee zu den teuersten Wohnmöglichkeiten der Stadt.

Touren im Osten

Durch das Seefeld zum Zürichhorn

Dauer: 3–4 Std. zu Fuß und mit dem Tram 11.

Praktische Hinweise: Die Tour beginnt am Bellevueplatz und endet am S-Bahnhof Stadelhofen. Um den Chinagarten erleben zu können, sollte der Besuch zwischen April und Oktober liegen. Die Tour kann sowohl im Anschluss an Tour 2 (› S. 80) in der östlichen Altstadt durchgeführt als auch mit Tour 5 (› S. 103) im Südwesten kombiniert werden, wobei der Vormittag dem Seefeld gewidmet werden sollte. Der hintere Teil dieser Tour wird mit dem Tram absolviert, bei gutem Wetter ist auch ein Spaziergang vom Neumünster bis zum Bahnhof Stadelhofen möglich.

Bellevueplatz **1** und Sechseläutenwiese

Der Zürcher bezeichnet mit »Bellevue« meist die gesamte Fläche zwischen dem Ende der Altstadt und dem Beginn des Seefelds. Der Name geht auf das allein stehende vormalige Grand Hotel Bellevue zurück, das 2007 aufwendig restauriert und dank des Restaurants Terrasse (› S. 31) und des Cafés Felix (› S. 38) wieder erstklassige Gastronomie aufweist, jedoch schon lange nicht mehr als Hotel fungiert. Am **Bellevueplatz** kreuzen sich mehrere Tramlinien.

Dahinter schließt sich die **Sechseläutenwiese** an, auf der seit

Beim Sechseläutenfest wird der »Böögg« abgebrannt

Seefeld

0   200 m

TIEFENBRUNNEN

— ⑥ — **Durch das See-**
feld zum Zürichhorn

① Bellevueplatz
② Opernhaus
③ Seefeldquai

④ Johann-Jacobs-Museum
⑤ Museum Bellerive
⑥ Heidi-Weber-Museum
   von Le Corbusier
⑦ Chinagarten
⑧ Zürichhorn

⑨ Mühle Tiefenbrunnen
⑩ Sammlung E. G. Bührle
⑪ Villa Patumbah
⑫ Botanischer Garten
⑬ Neumünster
⑭ Bahnhof Stadelhofen

1902 jeden dritten Aprilmontag beim **Stadtfest Sechseläuten** der Aufmarsch der 25 Zürcher Zünfte gefeiert wird. Wichtigster Moment bei dem bunten Festival ist das Abbrennen des »Böögg« genannten künstlichen Schneemanns, wobei die Zeit bis zum Explodieren seines mit Feuerwerkskörpern gefüllten Kopfes als Vorzeichen für das Wetter des kommenden Sommers gesehen wird (❯ auch S. 84).

Früher stand auf der Wiese die alte Tonhalle (die neue ist jetzt am anderen Ufer ❯ S. 104), seitdem dient der frei gehaltene Platz verschiedenen Veranstaltungen und teilweise als Parkplatz. An der Bude »Sternen Grill« ist die <mark>beste Bratwurst der Stadt</mark> zu haben. Das Bellevueareal reicht über den Stadelhoferplatz bis zum Bahnhof Stadelhofen und geht über in das Seefeldquartier mit seiner Vielzahl an Restaurants, Bars und Kneipen.

8 ❘ ****Opernhaus 2**
Das neobarocke Gebäude der Wiener Architekten Fellner & Helmer aus dem Jahr 1891 hinter der Sechseläutenwiese wurde mit Richard Wagners »Lohengrin« eingeweiht. Der Komponist hatte bereits persönlich einige Vorstellungen am Vorgängerbau, dem 1834 eröffneten »Aktien-Theater« am Hirschengraben dirigiert, bevor dieser 1890 völlig abbrannte.

Die zunächst als »Stadttheater« eröffnete Bühne ist mit 1100 Plätzen das kleinste der internationalen Opernhäuser Europas.

Dank herausragender Solisten, eines sehr guten Ensembles, mehrerer Premieren pro Spielzeit und geschätzter, manchmal moderner Inszenierungen hat sich das Haus einen exzellenten Ruf erworben. Das Ballett stellt ein Fünftel aller Aufführungen. (Falkenstr. 1, Tel. 044 268 66 66, www.opernhaus.ch.)

Utoquai und Seefeldquai 3
Vom Bellevue über Sechseläutenwiese und Opernhaus verläuft die Zürcher Seepromenade, die beim kleinsten Sonnenstrahl rege zum Flanieren genutzt wird. Kleine Imbissbuden, ein Bootsvermieter, das <mark>italienische Restaurant Frascati</mark> (❯ S. 32) sowie einige Villen und Museen säumen den Weg, der über das Seefeldquai bis zum Zürichhorn reicht.

Der charmante Badepalast **Seebad Utoquai** entstand bereits anno 1890 direkt am Utoquai. Die älteste Badeanlage der Stadt bietet geschlechtergetrennte Sonnenterrassen, eigene Nichtschwimmerbecken, ferner Sprungbrett, Sauna und ein Restaurant. (Mitte Mai bis Mitte Sept.)

*Johann-Jacobs-Museum 4
Die Stiftung des bekannten deutschen Kaffeerösters Jacobs widmet sich der Kulturgeschichte des Kaffees in einer hübschen Villa an der Seepromenade. Jährliche Wechselausstellungen beleuchten historische, soziale oder auch politische Aspekte des Kaffees – etwa

Im Auftrag von Heidi Weber baute Le Corbusier sein eigenes Museum

Museum Bellerive 5

Das in einer herrschaftlichen Villa von 1931 untergebrachte Museum zeigt angewandte Kunst in Kleinserien- und Unikatfertigung zwischen Spiel, Dekoration und Gebrauch. Dreimal im Jahr werden verschiedene Themen in Wechselausstellungen gezeigt wie z. B. Kronleuchter, Parfumflakons oder Porzellan. (Höschgasse 3, Tel. 043 446 44 69, www.museumbellerive.ch, Di–So 10–17, April bis Nov. Do bis 20 Uhr)

das Schicksal der Zuckerbäcker aus Graubünden, die sich im 18. Jh. über ganz Europa verteilten und als die Ersten gelten, die Kaffee öffentlich als Genussmittel ausschenkten. (Seefeldquai 17, Tel. 044 388 61 51, www.johann-jacobs-museum.ch; wegen Umbau bis Herbst 2012 geschl.)

*Heidi-Weber-Museum von Le Corbusier 6

1960 beauftragte die Galeristin Heidi Weber den weltberühmten Schweizer Architekten Le Corbusier, ein Museum über sein eigenes Schaffen am Zürichhorn zu entwerfen. Erst 1967, kurz nach seinem Tod, wurde sein letztes

Le Corbusier

Eigentlich hieß der aus der westschweizerischen Uhrmacherstadt La Chaux-de-Fonds stammende Architekt Charles Edouard Jeanneret-Gris (1887–1965). Erst in Paris legte er sich im Alter von 30 Jahren sein Pseudonym zu und sorgte alsbald mit radikalen Ansichten über die Baukunst für weltweites Aufsehen.

Der Vorreiter funktionaler Architektur formulierte wegweisende Grundsätze: stützende Pfeiler statt tragender Wände sorgen für beträchtliche Freiräume und ermöglichen eine freie Grundrissgestaltung. Durch Flachdächer erreichte er eine Erweiterung der Gartenfläche. Eine bessere Ausleuchtung des Innenraums ergab sich durch Verwendung breiter statt hoher Fenster. Statt Fassaden lediglich als Außenmauern zwischen den Pfosten zu bilden, setzte er auf überhängende Dächer mit völlig freier Fassadengestaltung. Überdies setzte er sich mit der Farbenlehre auseinander.

Le Corbusier schuf auf der ganzen Welt eine Vielzahl nicht unumstrittener Gebäude, u.a. in Deutschland, Frankreich, Japan, Indien und Amerika.

Übrigens hat man in der Schweiz Le Corbusier täglich im Visier, ziert doch sein Konterfei die Zehn-Franken-Banknote.

Gebäude fertiggestellt. Schon von Weitem sind die leuchtend bunten Farben und das freistehende Dach sichtbar. Das **Centre Le Corbusier** reflektiert das Schaffen des Architekten als Gesamtkunstwerk und zeigt eine Sammlung seiner grafischen Werke. (Höschgasse 9, Tel. 044 383 64 70, www.lecorbusier-center.com, Juli–Sept. Sa/So 14–17 Uhr.)

*Chinagarten 7
Ein Geschenk der chinesischen Partnerstadt Kunming an die Stadt Zürich ist der 1994 eröffnete Chinagarten, dessen charakteristische Farbgebung mit roten Mauern und gelben Dächern weithin sichtbar ist. Er gilt als ranghöchster Garten außerhalb Chinas – einer der schönsten ist er gewiss. Das Hauptthema »Drei Freunde im Winter« bezieht sich auf die Kiefer, den Bambus und die Winterkirsche. Mit Teich und kleiner Insel inklusive Pavillon sowie einen Wasserpalais mit Galeriegängen präsentiert sich der Garten als echtes Juwel. (Bellerivestr. 138, Tel. 044 380 51 51, Ende März–Okt. tgl. 11–19 Uhr.)

Zürichhorn 8
Eine kleine Landzunge am Ende der Seepromenade bildet die Basis für die am meisten genutzte Grünanlage der Stadt. Neben den genannten Museen und dem Chinagarten fallen vor allem diverse Skulpturen auf. Jean Tinguely steuerte 1967 die ratternde Maschinenplastik »Heureka« bei, die zuvor bei der Expo 64 in Lau-

Im Chinagarten

sanne gezeigt worden war. Später fügte Henry Moore seine Bronzeplastik »Sheep Piece« hinzu.

Von den Bauernhäusern und Pfahlbauten, die 1939 zur »Landi«, der Zürcher Landesausstellung, errichtet worden waren, ist lediglich die **Fischstube** (> S. 33) mit herrlichem Blick über den See

Freiluft-Kino am See
Von Mitte Juli bis Mitte August lockt das Openair-Kino **Orange Cinema** am Zürichhorn täglich bis zu 1700 Personen an, die direkt am See überwiegend aktuelle Filme und einige Klassiker anschauen. Bei Wind und Wetter trotzten 52 000 Zuschauer dem verregneten Sommer 2011 vor der Riesenleinwand. Die Veranstaltung findet auch in anderen Schweizer Großstädten statt (www.orangecinema.ch).

übrig geblieben. Das dank seiner gelben Markisen auffallende Restaurant **Lake Side** direkt neben dem Schiffsanleger Zürichhorn Casino verbindet Ausflugsgastronomie mit Konferenzzentrum. Südlich des Zürichhorns erstreckt sich das beliebte **Strandbad Tiefenbrunnen**.

Mühle Tiefenbrunnen 9

Hinter den Gleisen in der Nähe des Bahnhofs Tiefenbrunnen, einer Umsteigestelle von Tram zur S-Bahn, steht mit der Mühle Tiefenbrunnen ein Denkmal der Industrialisierung. Im Stil der Belle Époque wurde das schlossähnliche Backsteingebäude 1889 zunächst als Brauerei errichtet, jedoch bereits 1913 in eine Mühle umgewandelt. Seit Stilllegung der Mühle hat sich der Gebäudekomplex zu einem vielfältig genutzten Areal mit Büros, Ateliers, Lofts, Boutiquen sowie Tanzschulen und Fitnessstudio gewandelt.

Das **Museum Mühlerama** mahlt wieder und veranstaltet Kurse zum Brotbacken (Seefeldstr. 231, Tel. 044 422 76 60, www.muehlerama.ch, Di–Sa 14–17, So 10–17 Uhr). Feine Bistroküche bietet das **Gourmetrestaurant Blaue Ente** (❯ S. 27).

*Sammlung E. G. Bührle 10

Links der Mühle Tiefenbrunnen entlang Arosastrasse und Arosasteig führt die Tour rechts in die Zollikerstrasse zur Sammlung des Mäzens Emil Georg Bührle. Der kunstinteressierte Industrielle begann bereits 1934 mit dem Ankauf wertvoller Gemälde, darunter Impressionisten sowie venezanische, spanische und holländische Maler mit bedeutenden Namen (u. a. Braque, Canaletto, Cézanne, Gauguin, Monet, Picasso und van Gogh). Zusätzlich sammelte er sakrale Holzskulpturen aus dem Mittelalter.

Das Museum der Sammlung im einstigen Wohnhaus Bührles kann nach einem Raubüberfall im Jahr 2008 wieder besichtigt werden, zwei der vier gestohlenen Gemälde tauchten jedoch nicht wieder auf. Öffentliche Führungen für Einzelpersonen finden jeden ersten Sonntag im Monat statt. (Zollikerstr. 172, Tel. 044 422 00 86, www.buehrle.ch)

*Villa Patumbah 11

Das auch »Villa Kunterbunt« genannte einstige Wohnhaus des vermögenden Zürcher Tabakbarons Karl Fürchtegott Grob wurde 1885 im Süden des Seefeldquartiers im Stil des Historismus mit Fassadenmalereien im Geist der Renaissance erbaut, als Riesbach noch ein Vorort Zürichs war. Der malaiische Name bedeutet »ersehntes Land«; der Eigentümer war einst auf Sumatra reich geworden. Die Villa wird derzeit aufwendig restauriert, ab 2013 will der Schweizer Heimatschutz in der Villa ein **Heimatschutzzentrum der Baukultur** betreiben. Der dazugehörige prächtige englische Park wurde zwar schon früh zweigeteilt, inzwischen ist aber die südliche Hälfte bis zur Mühlebachstrasse originalgetreu wieder hergerichtet worden. Die Stiftung Patumbah, der Villa und Teile des Parks gehören, wurde mit der Vereinigung der Parkhälften beauftragt. (Zollikerstr. 128, www.stiftung-patumbah.ch.)

Neuer Botanischer Garten ⓬

Im Garten der einstigen Villa Schönau im Quartier Weinegg fand das Institut für Systematische Botanik der Universität Zürich 1977 das gesuchte Areal für die Anlage des neuen Botanischen Gartens, nachdem der bisherige am Schanzengraben zu klein geworden war. Auf etwa 53 000 m² versammeln sich 9000 thematisch in Biotopen arrangierte Pflanzenarten in drei markanten Kuppelgewächshäusern mit unterschiedlichen Klimata. Das Areal wird von der Zürcher Bevölkerung als grüne Oase genutzt. (Zollikerstr. 107, Tel. 044 634 84 61, www.bguz.uzh.ch, März–Sept. Mo–Fr 7–19, Sa/So 8–18, Okt.–Febr. Mo bis Fr 8–18, Sa/So 8–17 Uhr)

Neumünster ⓭

Die 1839 im klassizistischen Stil entstandene evangelisch-reformierte Kirche befindet sich in einer eigenen kleinen Parkanlage auf einer Anhöhe nördlich des neuen Botanischen Gartens. Als Inspiration des schlicht eingerichteten Gotteshauses dienten Architekt Leonhard Zeugheer englische Sakralbauten wie St. Martin-in-the-fields am Londoner Trafalgar

Die drei Kuppelgewächshäuser im neuen Botanischen Garten

Square. Durch den Umbau der Tonhalle kam die bereits 1872 gebaute *Alte Tonhalle-Orgel 1995 in das Neumünster und ergänzte dessen ausgezeichnete Akustik um ein berühmtes historisches Instrument (Neumünsterallee 21).

Entlang der Forchstrasse kann man nun mit dem Tram der Linie 11 ab Hegibachplatz zum Bahnhof Stadelhofen fahren.

Quartierhof Weinegg

Hinter dem Botanischen Garten auf dem Burghölzlihügel liegt der letzte noch aktive Bauernhof im gleichnamigen Quartier auf einem Areal von 5,5 ha. Angelegt wurde der Hof während der Landesausstellung von 1939, anschließend bis 1995 langfristig verpachtet. Seitdem kümmert sich ein Trägerverein von 300 Zürcher Familien um die Bewirtschaftung nach biologischen Richtlinien und mit artgerechter Tierhaltung (Weineggstr. 44a, www.quartierhof-weinegg.ch).

Bahnhof Stadelhofen [14]

Der Bahnhof in der Nähe des Bellevue ist einer der am meisten frequentierten Knotenpunkte der Zürcher S-Bahn. Zusätzlich zum klassizistischen Hauptgebäude konstruierte der spanische Architekt Santiago Calatrava den modernen Neubau 1991, dessen Gestaltung an die Rippen eines Stiers erinnert (Stadelhoferstr. 8).

Auf dem begrünten Stadelhoferplatz zwischen Gottfried-Keller-Strasse und Goethestrasse steht ein gusseiserner Brunnen von 1869, der sich im Winter optisch zu Gusseis verwandelt. Von hier fährt die Forchbahn als S-Bahn S 18 oberirdisch über die Forch-Passhöhe (675 m ü. d. M.) nach Esslingen.

Von den Hochschulen zum Zoo

– ❼ – Central ❯ *ETH ❯ *Universität ❯ Museen ❯ Hirschengraben ❯ **Kunsthaus ❯ *Schauspielhaus ❯ Fluntern **Zoo ❯ *Dolder ❯ Römerhof

Dauer: etwa 4–5 Std. zu Fuß, mit Polybahn, Trams der Linien 5 (Kunsthaus bis Kirche Fluntern) und 6 (Kirche Fluntern bis zum Zoo) sowie mit der Dolderbahn.
Praktische Hinweise: Diese Tour lässt sich auch mit Tour 2 (❯ S. 80) ab der östlichen Altstadt verbinden. Das Kunsthaus ist montags geschlossen.

*Eidgenössische Technische Hochschule (ETH)

Die Polybahn überwindet ab dem **Central [15]** (❯ S. 80) in einer knappen Minute die 41 Höhenmeter hinauf zur **ETH [16]**.

Nach der Gründung des Bundesstaates 1848 wurde der lang gehegte Traum einer nationalen Universität neben den bereits bestehenden kantonalen Hochschulen intensiv debattiert. 1855 endlich konnte das Vorhaben als Polytechnikum umgesetzt werden – das technisch-industrielle Zeitalter hatte begonnen.

Zunächst brachte man die Hochschule in diversen Räumlichkeiten in Zürich unter, bis der deutsche Architekt Gottfried Semper, der wegen Beteiligung an der Revolution seine Heimat hatte verlassen müssen, mit der Errichtung eines repräsentativen Gebäudes beauftragt wurde. Der monumentale Bau im Stil des Historismus mit seiner eindrucksvollen Aula wurde 1864 bezogen. Die Umbenennung zur Eidgenössischen Technischen Hochschule (ETH) erfolgte 1911, nachdem die in einem Seitenflügel beiheimatete Universität Zürich auszog. Später fügte Gustav Gull, der Architekt des Landesmuseums, die charakteristische Kuppel hinzu.

An der ETH verteilen sich gut 16 000 Studenten aus 80 Ländern in 16 Departements auf den Hauptstandort sowie auf den modernen **Science City Campus** am Hönggerberg im Kreis 10. Für eine exzellente Lehre und wegweisende Grundlagenforschung sorgten Professoren von Weltruf wie Albert Einstein oder Niklaus Wirth, der Begründer moderner Programmiersprachen. Seit der Einweihung haben hier 21 Nobelpreisträger studiert oder gearbeitet. (Rämistr. 101, Tel. 044 632 11 11, www.ethz.ch.)

*Universität 🔢

Noch vor der ETH wurde die Universität im Jahr 1833 gegründet und mit bestehenden Hochschulen der klassischen Fakultäten wie Jura, Theologie und Medizin zusammengelegt. Zunächst war sie am Fröschengraben untergebracht, durch dessen Zuschüttung später die Bahnhofstrasse entstand. 1864 zog die Universität in einen Seitenflügel des Polytechnikums, enthielt jedoch 1914 ihr eigenes, von den Architen Karl Moser und Robert Curjel geschaffenes Gebäude direkt neben der ETH. Zusätzlich entstand ein Campus am Irchelpark sowie jüngst eine Ergänzung im nördlichen Stadtteil Oerlikon.

Die Semper-Aula in der ETH

Heute studieren an der größten Schweizer Hochschule mehr als 25 000 Studenten in sieben Fakultäten. Besonders die Wirtschaftswissenschaften genießen einen ausgezeichneten Ruf. (Rämistr. 71, Tel. 044 634 11 11, www.uzh.ch.)

Tipp: Die **beste Sicht auf ETH und Universität** hat man vom Lindenhof am anderen Limmatufer (❯ S. 74).

Die Zürcher Bergbahnen

Auf dem Stadtgebiet verkehren gleich mehrere Bergbahnen. Bekannt ist vor allem die 1889 eröffnete rote **Polybahn**, die als Standseilbahn ab Central die 176 m kurze Strecke zur Eidgenössischen Technischen Hochschule (ETH) führt und vor allem von Studenten genutzt wird.

Die **Dolderbahn** verkehrt als Zahnradbahn vom Römerhof bis zum Hotel Dolder Grand über 1,3 km. Nicht weit entfernt überwindet die Seilbahn **Rigiblick** die 94 m Höhendifferenz vom Stadtteil Oberstrass auf den Zürichberg.

Auf den Zürcher Hausberg klettert die **Uetlibergbahn** als S-Bahn S 10 vom Hauptbahnhof aus; sie gilt mit 79 % Steigung als steilste Normalspur-Adhäsionsbahn Europas (also ohne Zuhilfenahme von Seil oder Zahnrad).

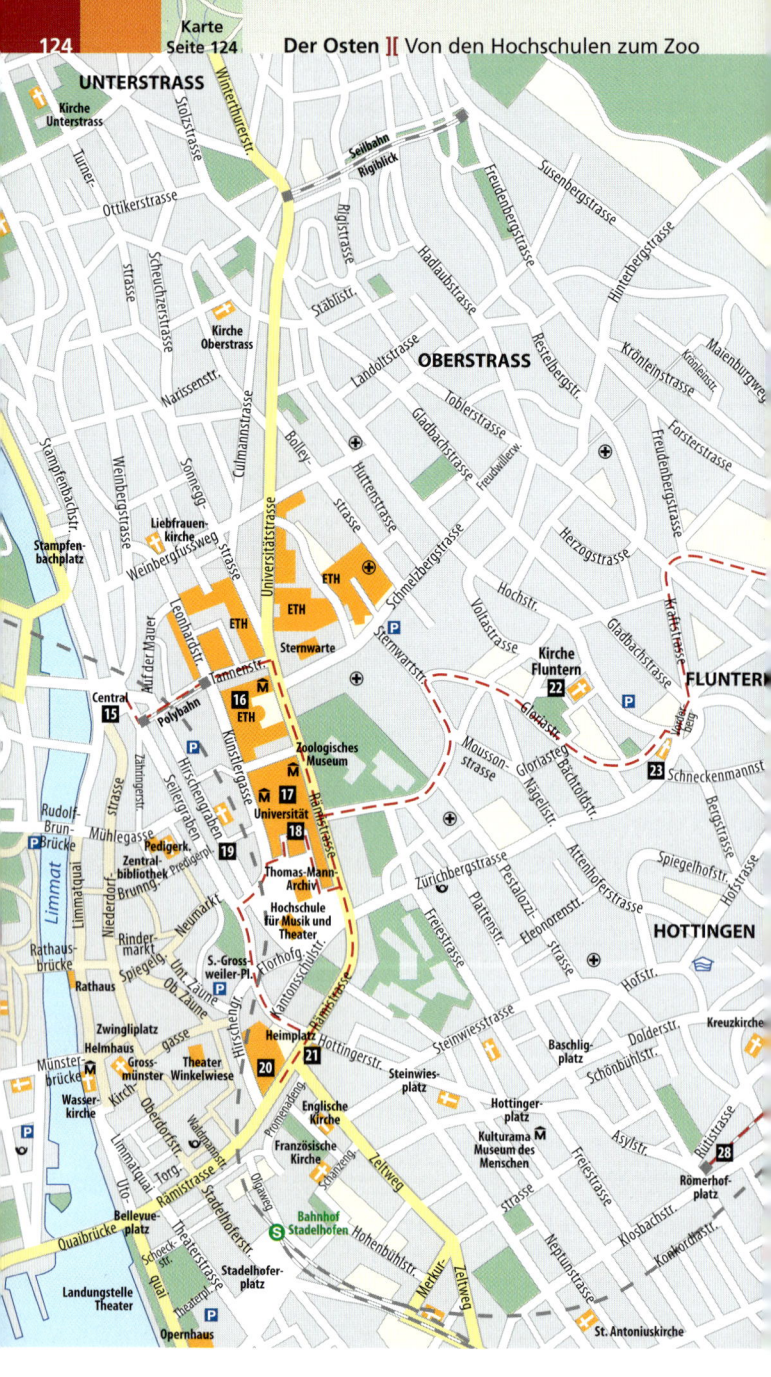

UNTERSTRASS

Kirche
Unterstrass

Winterthurerstr.

Stolzstrasse

Seilbahn
Rigiblick

Turner-

Ottikerstrasse

Scheuchzerstrasse

strasse

Rigistrasse

Stäblistr.

Hadlaubstrasse

Susenbergstrasse

Freudenbergstrasse

Hinterbergstrasse

Krönleinstrasse

Maienburgweg

Kinkelstr.

Försterstrasse

Narissenstr.

Kirche
Oberstrass

Landoltstrasse

OBERSTRASS

Toblerstrasse

Reslelbergstr.

Freudenbergstrasse

Culmannstrasse

Bolley-

Gladbachstrasse

Freudwiilersw.

Herzogstrasse

Stampfenbachstrasse

Weinbergstrasse

Sonnegg-strasse

Liebfrauen-
kirche

Weinbergfussweg

Universitätstrasse

strasse

Hüttenstrasse

Schmelzbergstrasse

Hochstr.

Gladbachstrasse

FLUNTERN

Stampfen-
bachplatz

Auf der Mauer

Leonhardstr.

ETH

ETH

ETH

Sternwarte

Sternwartstr.

Voltastrasse

Kirche
Fluntern
22

Gloriastr.

Gloriasteg

Bachofistr.

P

23 Schneckenmannst

Central
15

Tannenstr.

Polybahn

16
ETH

Zoologisches
Museum

Mousson-
strasse

Nägelistr.

Zürichbergstrasse

Bergstrasse

Hofstr.

Zähringerstr.

Künstlergasse

Hirschengraben

Seilergraben

17
Universität

18

Thomas-Mann-
Archiv

Pestalozzistr.

Attenhoferstrasse

Spiegelhofstr.

Rudolf-
Brun-
Brücke
P

Mühlegasse

Niederdorfstr.

Predigerk.

Brunng.

19

Zentral-
bibliothek

Hochschule
für Musik und
Theater

Zürichbergstrasse

Plattenstr.

Freiestrasse

Eleonorenstr.

strasse

HOTTINGEN

Limmat

Limmatquai

Neumarkt

Rathaus-
brücke

Rinder-
markt

Spiegelg.

Unt. Zäune

Ob. Zäune

S.-Gross-
weiler-Pl.

P

Florhofg.

Kantonsschulstr.

Steinwiesstrasse

Hofstr.

Rathaus

Zwingliplatz
Helmhaus

Münster-
brücke
P

Wasser-
kirche
P

Gross-
münster

Kirch-

Oberdorfstr.

Theater
Winkelwiese

Hirschengr.

Waldmannstr.

Heimplatz
20 **21**

Hottingerstr.

Steinwies-
platz

Baschlig-
platz

Schönbühlstr.

Dolderstr.

Kreuzkirche

Englische
Kirche

Hottinger-
platz

Kulturama
Museum des
Menschen

Asylstr.

Rütistrasse
28

Bellevue-
platz

Qualbrücke

Limmatquai

Uto-

Torg.

Rämistrasse

Stadelhoferstr.

Olgaweg

Promenadeng.

Seefeldstr.

Zeltweg

Französische
Kirche

Freiestrasse

strasse

Römerhof-
platz

Landungsstelle
Theater

Theaterstrasse

Schock-

quai

Theaterstr.

P

Opernhaus

Stadelhofer-
platz

Bahnhof
S Stadelhofen

Hohenbühlstr.

Merkur-

Zeltweg

Neptunstrasse

Klosbachstr.

Kornhardstr.

St. Antoniuskirche

Der Osten

0   200 m

Schlachten-denkmal

Zürichberg

Zoologischer

25

Garten

Klosterweg

Masoalahalle

P

Batteriestrasse

Orellistrasse

Sagentobelstr.

24

Susenbergstrasse

Zürichbergstrasse

Hochschul-sportanlage Uni Fluntern

P

26

FIFA

Zürichbergstrasse

Pilger-

Flüelastrasse

weg

Dreiwiesenstrasse

P

Tobelhofstrasse

Billeterstr.

Krähbühlstrasse

Dreiwiesenstrasse

St. Martinskirche

Neuhausstr.

Tobelhofstrasse

Bircher-Benner-Platz

Hofstrasse

Waldhaus Dolder

Adlisbergstrasse

Kurhausstrasse

Dolderstrasse

Kurhausstrasse

Dolder Grand

27

Adlisberg

Dolderbahn

Golfplatz

Sonnenbergstr.

Coninx Museum

Heuelsteig

Bergstrasse

Asylstr.

Museen 🔞

Gleich mehrere Museen haben in und bei der Universität ihre Heimat gefunden. Das **Paläontologische Institut und Museum** im Nordteil des Unigebäudes zeigt Fossilien aus der Umgebung von Zürich, aus den Alpen und aus Nordamerika. Schwerpunkt der Ausstellung sind Fundstücke vom Monte San Giorgio im Tessin. Im **Zoologischen Museum** (selber Eingang) sind Tierpräparate und Skelette der Schweizer Fauna seit der Eiszeit zu sehen. (Für beide Museen: Karl-Schmid-Str. 4, Tel. 044 634 38 38, www.pim.uzh.ch bzw. www.zm.uzh.ch, Di–Fr 9–17, Sa/So 10 bis 17 Uhr, Eintritt frei.)

Das **Archäologische Institut** zeigt seine bereits 1854 begründete Sammlung ägyptischer und neuassyrischer Reliefs und Kleinkunst in einem vor der Universität liegenden Gebäude (Rämistr. 73, Tel. 044 634 28 11, www.archinst. uzh.ch, Di–Fr 13–18, Sa/So 11 bis 17 Uhr, Eintritt frei).

Besucher im Kunsthaus vor »Formes circulaires, panneau mural« von Robert Delaunay

Das **Thomas-Mann-Archiv** der ETH im 1664 erbauten Bodmerhaus südlich des Hauptgebäudes erinnert an Leben und Werk des Dichters anhand von Manuskripten, einer Nachlassbibliothek und einem Gedenkzimmer mit Mobiliar aus seinem Arbeitszimmer in Kilchberg. (Schönberggasse 15, Tel. 044 632 40 45, www. tma.ethz.ch, Mi/Sa 14–16 Uhr.)

Hirschengraben 🔟

Wo heute auf dem Seilergraben die Autos in Richtung Central donnern und parallel dazu etwas erhöht der engere Hirschengraben verläuft, stand einst die alte Stadtmauer mitsamt einem Graben, in dem Hirsche gehalten wurden. Als wohl schönstes Gebäude am Hirschengraben kann das mit allerlei Spitzen und Türmchen versehene **Schulhaus Hirschengraben** (Nr. 46) aus gelbem und rotem Backstein gelten; ebenso auffallend ist das freistehende **Haus Rechberg** an der Ecke zur Künstlergasse, das heute das **Institut für Völkerrecht und ausländisches Verfassungsrecht** der Universität beherbergt.

In der ruhigen Florhofgasse ist das **Hotel Florhof** (❯ S. 22) in einem denkmalgeschützten Patrizierhaus untergebracht.

9 **Kunsthaus 🔟**

Das 1910 von Hans Moser erbaute Kunsthaus am Heimplatz zählt zu den bedeutendsten Kunstmuseen der Schweiz. Es beherbergt die **wichtigste Modernesammlung Zürichs** und veran-

Echt gut!

Ein großer Erweiterungsbau für das Kunsthaus am Heimplatz ist derzeit
in Planung und soll bis 2017 verwirklicht werden. Das Bild zeigt einen
Entwurf des Architekturbüros David Chipperfield für die Eingangshalle

staltet regelmäßig große Wechselausstellungen. Die äußerst reichhaltige, im Lauf der Zeit durch Ankäufe und großzügige Stiftungen erweiterte Sammlung geht im Kern auf Bestände der 1787 gegründeten Künstlergesellschaft zurück.

Schwerpunkte der ständigen Ausstellung sind die Schweizer Malerei des 19. und frühen 20. Jhs. (u. a. Böcklin, Hodler, Koller, Segantini) sowie die europäische Malerei des 19. Jhs. (u. a. Cézanne, Gauguin, Manet, Monet, van Gogh) und der klassischen Moderne (u. a. Chagall, Klee, Léger, Matisse, Picasso). Die Skulpturensammlung umfasst neben einigen Arbeiten ausländischer Künstler vor allem Werke von einheimischen Bildhauern, darunter ist Alberto Giacometti mit einer großen Werkgruppe

vertreten. Eine Dokumentation zum Dadaismus erinnert an die wichtigste von Zürich ausgegangene Kunstrichtung. (Heimplatz 1, Tel. 044 253 84 84, www. kunsthaus.ch, Sa/So, Di 10–18, Mi–Fr 10–20 Uhr)

*Schauspielhaus 🔲

Das bedeutendste Sprechtheater der Schweiz wurde 1892 als »Volkstheater am Pfauen« eröffnet, wobei sich der Name auf die anliegende Gaststätte bezog (Zeltweg 5, Tel. 044 258 70 70, www.schauspielhaus.ch). Eine ganze Reihe von Werken bekannter Dramatiker erlebte hier ihre Weltpremiere, u. a. von Bertolt Brecht, Friedrich Dürrenmatt und Max Frisch. Im Jahr 2000 wurde eine zweite Bühne im **Schiffbau** am Escher-Wyss-Platz in Zürich-West eröffnet (❭ S. 99).

Kirchen in Fluntern

Auf einer Anhöhe liegt die 1920 im neoklassizistischen Stil gebaute evangelisch-reformierte **Grosse Kirche Fluntern** 22. Das dreischiffige, nach Nordosten ausgerichtete Gotteshaus unterteilte Architekt Karl Moser durch Verwendung regelmäßig platzierter korinthischer Säulen. Vom Vorplatz aus hat man einen großartigen Blick über das Zürcher Zentrum (Gellertstr. 1).

Echt gut!

Die eindrucksvollsten Aussichtspunkte

■ Dem Ausflugsrestaurant **Die Waid** hoch oberhalb von Wipkingen im Kreis 10 liegt die gesamte Stadt zu Füßen, der Blick reicht bis über den Zürichsee. ❯ S. 33

■ Tagsüber und nachts bietet die **Jules Verne Panorama Bar** einen Rundumblick ein paar Meter unter der einstigen Sternwarte Urania. ❯ S. 51

■ Am **Lindenhof**, wo vor 2000 Jahren die römische Zollstation Turicum errichtet wurde, reicht die Sicht über das Niederdorf und Oberdorf. ❯ S. 74

■ Wer die 187 Stufen auf den Karlsturm vom **Grossmünster** schafft, wird mit einem Blick über das Häusermeer der Altstadt und den Zürichsee belohnt. ❯ S. 87

■ Nur wenige Besucher kennen die Aussichtsterrasse bei der **Grossen Kirche Fluntern** mit Blick auf das Zentrum. ❯ S. 128

■ Der Zürcher Hausberg **Uetliberg** ermöglicht einen überwältigenden Blick über den gesamten Zürichsee und die Stadt. ❯ S. 132

Die kleine **Alte Kirche Fluntern** 23 entstand 1762 als Bethaus im einstigen Weiler Vorderberg. Heute ist die ebenfalls evangelisch-reformierte Kirche zwischen zwei Hauptverkehrsstraßen eingeengt (Gloriastr. 98).

Friedhof Fluntern 24

Unmittelbar vor dem Zoo erreicht man den 1887 angelegten Friedhof Fluntern auf dem Zürichberg. Außerhalb des Quartiers ist er hauptsächlich dank des irischen Schriftstellers **James Joyce** bekannt, der hier 1941 zunächst in einem einfachen Grab beigesetzt wurde und zehn Jahre später ein Ehrengrab mit Bronzestatue erhielt. Auch andere Prominente haben hier ihre letzte Ruhe gefunden (Zürichbergstr. 189).

10   ****Zoo** 25

Der derzeit 27 ha große **Zoologische Garten** am Zürichberg wurde bereits 1929 angelegt. In der parkähnlichen Landschaft leben 4000 Tiere von 368 Arten aus allen Kontinenten; ihre artgerechte Haltung gilt als vorbildlich. Viele wiederkehrende Besucher haben an den regelmäßigen Vorführungen und den täglichen Fütterungen ihre Freude, beispielsweise bei den Pinguinen um 16 Uhr.

Ausgesprochen sehenswert ist außerdem der 2003 erbaute **Masoala Regenwald,** der sich neben dem Zoo befindet und über einen separaten Eingang verfügt. In der 120 m langen Halle wird die Erlebniswelt von Madagaskar

In der Halle des Masoala Regenwaldes neben dem Zoo

anhand von 500 Pflanzenarten und 300 Tieren dargestellt; 80 000 Liter Beregnung täglich sind nötig, um die Luftfeuchtigkeit hoch genug zu halten. Nicht zuletzt klärt die Masoalahalle über das Verschwinden der Regenwälder auf und unterstützt die Erhaltung des Nationalparks auf Madagaskar. (Zürichbergstr. 221, Tel. 0848 966 983, www.zoo.ch, März–Okt. tgl. 9–18 Uhr, Nov. bis Febr. 9–17 Uhr; Masoala Regenwald jeweils erst ab 10 Uhr.)

Die Hausberge im Zürcher Norden

Für den Schweizer ist Zürich natürlich keine bergige Stadt, allenfalls gibt es ein paar Hügel. Diese geben der heimlichen Hauptstadt allerdings eine interessante Lage am Fuß des Zürichsees. Auf der südwestlichen Seite ragt der 871 m hohe **Uetliberg** empor (> S. 132), gegenüber im Nordosten sind es gleich mehrere Hausberge auf einmal. Diese gehören zum **Pfannenstiel-Höhenzug**, der zwischen Egg und Meilen am nördlichen Ufer des Zürichsees beginnt.

Der bis 701 m hohe **Adlisberg** ist weitgehend durch den Stadtwald geprägt, in dem sich auch das Hotel Dolder Grand (> S. 130) befindet.

Der **Zürichberg** erreicht eine Höhe von 676 m ü.M. und stellt den mittleren Ausläufer der Gebirgskette dar. Unterhalb des Zoos zeugen viele Villen vom Reichtum ihrer Bewohner.

Bei den nordöstlichen Quartieren Höngg und Wipkingen im Kreis 10 liegen weitere Anhöhungen: zunächst der **Käferberg**, der **Waidberg** mit einer grandiosen Aussicht auf City und Zürichsee sowie der **Hönggerberg** mit dem Sciency City Campus der ETH.

Erlesenes Interieur mit Ausblick: die Lobby des Dolder Grand

FIFA 26

Der Internationale Weltfußballverband (Fédération Internationale de Football Association, FIFA) hat Zürich bereits 1932 als Standort erkoren. Den aktuellen Gebäudekomplex »Home of FIFA« auf dem Zürichberg bezog der Verband 2007. Der dreigeschossige Bau für 340 Mitarbeiter wird von einer zusätzlichen Glasschicht verkleidet, weitere Etagen wurden unterirdisch angelegt.

Der aus der Schweiz stammende FIFA-Präsident Joseph Blatter trat 2011 seine vierte Amtszeit an; er ist bereits seit 1975 beim Weltfußballverband beschäftigt. Während seiner Regentschaft geriet der Verband vor allem durch die Monopolstellung als größter Sportverband der Welt sowie wegen wiederholter Korruptionsvorwürfe in die öffentliche Kritik. (FIFA-Str. 20, Tel. 043 222 77 77, www.fifa.com.)

11 *Dolder 27

Das 1889 am Westhang des Adlisbergs erbaute einstige »Dolder Grand Hotel« zählt seit seiner Gründung zu den Wahrzeichen der Stadt. Der Bau kreuzt Jugendstilelemente mit Schweizer Waldhausromantik und war bei Staatsgästen und Prominenten von Anfang an sehr gefragt.

Ab 2005 wurde das Hotel von Stararchitekt Sir Norman Foster von Grund auf restauriert und um moderne Flügel und ein großes Wellnessareal erweitert. 2008 erfolgte die Wiedereröffnung als exklusives City Resort unter dem Namen **The Dolder Grand.**

Auch wer hier nicht wohnt, kann das Hotel im Winter beim stilvollen English Afternoon Tea Echt gut! oder ganzjährig beim Besuch der illuminierten Bar kennenlernen. Die majestätische Lage ermöglicht eine Aussicht über das Zentrum sowie den Zürichsee. (Kurhausstr. 65, Tel. 044 456 60 00, www. thedoldergrand.com)

Dolderbahn und Römerhof 28

Seit 1895 verbindet die Dolderbahn das Dolder Grand, die Eisbahn Dolder und das darunter gelegene **Hotel Waldhaus Dolder** – ein unpassender Betonbau aus den 1970er-Jahren – innerhalb von sechs Minuten mit dem Römerhofplatz. Von dort fährt die Tramlinie 3 bis zum Central, alternativ Tram 8 bis zum Bellevue.

Der Rheinfall bei Schaffhausen, Europas größter Wasserfall

Ausflüge

Nicht verpassen!

- Uetliberg
- Rapperswil
- Baden
- Luzern
- Winterthur
- Schaffhausen mit Rheinfall

*Uetliberg 1

Zürich › Uetliberg

Dauer: 4-5 Std.
Praktische Hinweise: Der Uetliberg liegt im Südwesten von Zürich. Die S 10 fährt vom Hauptbahnhof über die steilste normalspurige Kletterbahn Europas hinauf, von der Bergstation führt ein Waldweg zum Aussichtspunkt Uto Kulm (20 min). Mit dem Auto ist der Uetliberg nicht erreichbar.

Von 871 m Höhe bietet Zürichs Hausberg (sprich: Ü-etliberg) eine herrliche Aussicht auf die Stadt. Seit der Eröffnung der Uetlibergbahn 1875 entwickelte sich die touristische Nutzung, als die Zürcher den Berg für Tagesausflüge entdeckten. Schon von Weitem ist der 187 m hohe Fernsehturm sichtbar; der Aussichtsturm direkt hinter dem Hotelrestaurant Uto Kulm ist öffentlich zugänglich.

Das Rosenstädtchen Rapperswil vom Zürichsee aus gesehen

Am Uetliberg beginnt der **Planetenweg,** der im Maßstab von eins zu einer Milliarde die Größenverhältnisse im Sonnensystem verdeutlicht und bis nach Buchenegg auf der Albis-Bergkette reicht.

Hotel/Restaurant

Uto Kulm
Uetliberg][**8143 Zürich**
Tel. 044 457 66 66
www.utokulm.ch
Das Ausflugs- und Konferenzhotel bietet romantische Luxuszimmer mit atemberaubender Aussicht. Das Restaurant ist bei Tagesausflüglern sehr beliebt. ●●—●●●

*Rapperswil 2

Zürich › Rapperswil

Dauer: 4–5 Std.
Praktische Hinweise: Rapperswil liegt ca. 36 km östlich von Zürich direkt am Zürichsee. Mehrmals stündlich verkehren S-Bahnen (36 min). Die Anreise mit dem Auto (ca. 55 min) führt am Seeufer entlang, aber an sonnigen Tagen sind Parkplätze rar. Schöner ist die Anreise per Schiff in 1¾ Std. vom Bürkliplatz (› S. 104) aus.

An der engsten Stelle des Zürichsees entstand die Stadt bereits im 13. Jh. durch die Grafen von Rapperswil. Der 7600-Einwohner-Ort gehört bereits zum Kanton St. Gallen und bildet seit 2007 mit der Nachbarort Jona eine Doppelgemeinde.

Das schmucke Städtchen erfreut sich einer hübschen Lage auf einer kleinen Halbinsel. Weil im Sommer 15 000 Rosen in den Gärten blühen, wird Rapperswil auch als Rosenstadt bezeichnet.

Rapperswils Aufschwung als beliebtes Ausflugsziel begann durch die Dampfschiffe auf dem Zürichsee in der ersten Hälfte des 19. Jhs.

Am Hafen betreten die Besucher vom Schiff aus zunächst den **Fischmarktplatz,** den allerlei Geschäfte und Restaurants säumen.

Beherrscht wird die Silhouette von dem mächtigen **Schloss** auf einem Felsenvorsprung. Ab 1869 beherbergte es das polnische Nationalmuseum, bis dieses 1927 in den nach dem Ersten Weltkrieg neu gegründeten Staat Polen verlegt wurde. 1975 gründeten polnische Emigranten erneut ein Polenmuseum, das bis heute seinen Sitz im Schloss Rapperswil hat (www.muzeum-polskie.org). Von der Schlosserrasse aus genießt man einen hübschen Blick auf den See.

Die Altstadt unterhalb des Schlosses dominiert die **Pfarrkirche St. Johann** aus der Gründerzeit der Stadt, sehenswert ist weiterhin das **Rathaus** aus dem 15. Jh. mit seiner Sonnenuhr.

Nicht zu übersehen ist der 1878 erbaute **Seedamm,** der mit der Landzunge von Hurden kurz vor Pfäffikon verbunden ist.

Info

Rapperswil Zürichsee Tourismus
Hintergasse 16][8640 Rapperswil
Tel. 0848 811 500
www.zuerichsee.ch

1 Uetliberg
2 Rapperswil
3 Baden
4 Luzern
5 Winterthur
6 Schaffhausen mit Rheinfall

Baden ❸

Zürich › Baden

Dauer: 5–6 Std.
Praktische Hinweise:
Baden liegt ca. 25 km westlich von Zürich. Mehrmals stündlich verkehren Fernzüge und S-Bahnen (je nach Linie 20 bis 30 Min.). Mit dem Auto (ca. 30 Min.) geht es über die Autobahn A1 Richtung Bern bis zur Abfahrt 55 (Neuenhof).

Schon die alten Römer nutzten die ergiebigen heißen Schwefelquellen Badens (17 700 Einw.). Auch heute erfreuen sich die **Thermen** dank moderner Einrichtungen großer Beliebtheit (Kurpl. 1, www.thermalbaden.ch, 7.30–21 Uhr, Sa/So bis 20 Uhr).

Einen schönen Blick auf die Altstadt genießt man von der Hochbrücke, die den Ort mit dem benachbarten **Wettingen** verbindet. Ein absolutes Muss für Kunstliebhaber ist der Besuch des ***Museums Langmatt**: Die Villa von Sidney und Jenny Brown bildet den stilvollen Rahmen für eine hervorragende Gemäldesammlung mit Schwerpunkt auf französischem Impressionismus (Römerstr. 30, 5400 Baden, www.langmatt.ch; März–Nov. Di–Fr 14–17, Sa/So 11–17 Uhr).

Info

Tourism Office
Oberer Bahnhofplatz 1
5401 Baden][Tel. 056 200 87 87
www.baden.ch

Restaurant

Isebähnli
Bahnhofstr. 10][5400 Baden
Tel. 056 222 57 58
Im kleinen Lokal in Bahnhofsnähe wird regelmäßig Jazz live aufgeführt. ●–●●

Nightlife

Grand Casino Baden
Haselstr. 2][5400 Baden
Tel. 056 204 07 07
www.grandcasinobaden.ch
Das etwas überdimensionierte Casino ist das nächstgelegene von Zürich und bietet alle gängigen Spielarten von Baccara über Poker bis Roulette.

**Luzern ❹

Zürich › Luzern

Dauer: 1 Tag
Praktische Hinweise: Luzern liegt ca. 55 km südwestlich von Zürich. Zweimal stündlich verkehren Fernzüge direkt nach Luzern (ca. 50 Min.). Mit dem Auto braucht man über die Autobahnen A4 und A14 45 Min. (Abfahrt 26 Luzern Zentrum). Die alternative Strecke über die Nationalstraße 4 durch den Sihlwald dauert knapp 1½ Std.

Bilderbuchmotive wie die holzgedeckte Kapellbrücke vor dem Kranz der Alpengipfel und Raddampfer-Nostalgie auf dem Vierwaldstättersee haben das Bild von Luzern (60 000 Einw.) geprägt. Aber auch »Swiss watches« und Touristenmassen, vor allem aus dem englischsprachigen Raum und aus Asien, können einem heute zur »Wiege der Eidgenossenschaft« einfallen. Zur Hauptsaison ist die Stadt nicht selten ein überfüllter Tummelplatz der Urlauber mit verstopften Straßen und vollen Cafés, aus dem sich die Einheimischen vorübergehend zurückgezogen haben.

Als Datum der Stadtgründung gilt 1178; nach Eröffnung des Gotthardweges im 13. Jh. entwickelte sich der Ort rasch zu einem bedeutenden Handelsplatz. 1291 wurde er an die Habsburger verkauft, was indirekt zum Anschluss an den Bund der drei Urkantone führte (1332). Während der Reformation blieb der Ort katholisch und wurde dann Zentrum der Gegenreformation. Nach dem Zusammenbruch der Alten Eidgenossenschaft befand sich hier 1798–1799 der Sitz der helvetischen Regierung.

Von der viel befahrenen **Seebrücke,** die den Schweizerhofquai mit dem Bahnhofplatz verbindet, hat man den schönsten Blick auf Stadt, See und Berge. Markante Orientierungspunkte im Panorama sind südwestlich der **Pilatus** (2129 m) und südöstlich die **Rigi** (1798 m), beide mit einer Seilbahn zu erreichen.

Neben dem Bahnhof setzt das **Kultur- und Kongresszentrum** (KKL) des französischen Stararchitekten Jean Nouvel einen modernen Akzent. In dem Komplex ist auch das **Kunstmuseum** mit interessanten Wechselausstellungen untergebracht (Europaplatz 1, Tel. 041 226 78 00, www.

Die Kapellbrücke in Luzern

kunstmuseumluzern.ch; tgl. außer Mo 10–17, Mi bis 20 Uhr).

Wahrzeichen Luzerns ist die **Kapellbrücke,** die unterhalb der Seebrücke in schrägem Lauf die Reuss überquert. Die **älteste gedeckte Holzbrücke Europas** entstand Anfang des 14. Jhs. als Teil der Befestigungsanlagen. 1993 wurde sie durch einen Brand schwer beschädigt, dem auch der Bilderzyklus im offenen Dachstuhl zum Opfer fiel. Nach fast originalgetreuem Wiederaufbau ist die Brücke erneut eines der beliebtesten Fotomotive der Stadt.

Mittelpunkt des historischen Stadtkerns ist der **Weinmarkt,** umrahmt von freskengeschmückten Bürgerhäusern. Über ihn führt der Weg zum **Kornmarkt.** Dort steht das wuchtige **Rathaus,** zu Beginn des 17. Jhs. unter Einbeziehung eines mittelalterlichen Turms errichtet. Stilistisch stellt es eine gelungene Verbindung von oberitalienischer Renaissance und heimischer Bauweise dar.

Durch die Löwenstrasse kommt man auf den **Löwenplatz** mit dem populären **Bourbaki-Panorama.** Das riesige Rundgemälde von Edouard Castres, an dem auch der junge Ferdinand Hodler mitgearbeitet hat, stellt den Übertritt der französischen Ostarmee auf Schweizer Territorium im Jahr 1871 dar (Löwenplatz 11, Tel. 041 412 30 30, www.bourbaki panorama.ch; Apr.–Okt. Mo 13 bis 18, Di–So 9–18, Nov.–März Mo 13–17, Di–So 10–17 Uhr).

Ganz in der Nähe entdeckt man in einer kleinen Anlage das berühmte **Löwendenkmal.** 1821 nach einem Entwurf des dänischen Bildhauers Thorvaldsen geschaffen, erinnert es an den Heldentod der Schweizer Garde Ludwigs XVI. beim Sturm auf die Tuilerien (1792).

Gleich daneben liegt der Eingang zum **Gletschergarten.** Nicht nur für Kinder sind all die Versteinerungen, Gletscherschliffe und bis zu 9 m tiefen Strudellöcher interessant (Denkmalstr. 4, Tel. 041 410 43 40, www.gletscher garten.ch; Apr.–Okt. tgl. 9–18, Nov.–März 10–17 Uhr).

Seit fast 40 Jahren ist das **Verkehrshaus der Schweiz** am Lido in der östlichen Vorstadt das bei Schweizer Familien beliebteste Museum. Unzählige Exponate dokumentieren die Entwicklung aller Zweige des Verkehrswesens. Kleine Gäste können in einer Gotthardlok Zugführer oder in einer Coronado Flugkapitän spielen sowie im Planetarium die Illusion eines Weltraumfluges genießen. (Lidostr. 5, Tel. 041 375 75 75, www.verkehrshaus.ch; im Som-

mer tgl. 10–18, im Winter tgl. 10–17 Uhr.) Auf dem Gelände des Museums befindet sich auch das Luzerner IMAX-Filmtheater.

Info

Luzern Tourismus
Bahnhofstr. 3][6002 Luzern
Tel. 041 227 17 17
www.luzern.org

Restaurant

Wirtshaus Taube
Bürgerstr. 3][6003 Luzern
Tel. 041 210 07 47
In diesem bodenständigen Wirtshaus kommen regionale Spezialitäten genau so auf den Teller, wie Großmutter sie zubereitet hätte. So geschl. ●●

*Winterthur 5

Zürich › Winterthur

Dauer: 1 Tag
Praktische Hinweise: Winterthur liegt ca. 25 km nordöstlich von Zürich. Mehrmals stündlich verkehren Fernzüge und mehrere S-Bahnen (20 bis 30 Min. je nach Linie). Mit dem Auto (ca. 30 Min.) geht es über die Autobahn A1 Richtung St. Gallen bis zur Abfahrt 68 (Winterthur-Töss).

Die zweite große Stadt im Kanton Zürich ist Winterthur (99 400 Einw.), eine hochmittelalterliche Gründung der Kyburger Grafen (12. Jh.). Über Jahrhunderte hinweg stand Winterthur ganz im Schatten des übermächtigen Zürich, an das es 1467 gar verpfändet wurde. Mit der beginnenden Industrialisierung erlebte der Ort ab dem 19. Jh. einen stürmischen Aufschwung zum bedeutenden Wirtschaftszentrum.

Auf diese Gründerzeit geht auch eine Tradition der Kulturpflege zurück. So kann das **Kunstmuseum** eine üppige Kollektion großer Namen von van Gogh bis Picasso vorweisen (Museumstr. 52, www.kmw.ch; Di 10–20, Mi–So 10–17 Uhr).

Noch bemerkenswerter ist das *Museum Oskar Reinhart: Neben Werken französischer Maler des 19. Jhs. präsentiert es kostbare Gemälde alter Meister (Stadthausstr. 6, www.museumoskar reinhart.ch; Di 10–20 Uhr, Mi–So 10–17 Uhr).

Der Industriestadt geradezu auf den Leib geschnitten ist das *Technorama in Oberwinterthur. Hier wird auf einer Fläche von 6500 m² die **größte technisch-historische Sammlung der Schweiz** mit über 500 Stationen und Objekten gezeigt (Technoramastr. 1, www.technorama.ch; tgl. außer Mo 10–17 Uhr).

Echt gut!

Das Technorama in Winterthur

Info

Winterthur Tourismus
Bahnhofsplatz 5][8401 Winterthur
Tel. 052 267 67 00
www.winterthur-tourismus.ch

Restaurant

Bloom
Stadthausstr. 4][8402 Winterthur
Tel. 052 265 02 65][www.phwin.ch
Trendiges Restaurant mit marktfrischer Küche im Park Hotel. ●●

*Schaffhausen 6 mit **Rheinfall

Zürich › Schaffhausen › Neuhausen (Rheinfall)

Dauer: 5-6 Std

Praktische Hinweise: Schaffhausen liegt ca. 52 km nördlich von Zürich; viele Fernzüge verbinden die beiden Städte innerhalb von 40 Min. miteinander. Die stündlich verkehrende S 16 (60 Min.) hält zuvor auch in Neuhausen beim Rheinfall. Mit dem Auto (ca. 45 Min.) geht es über die Autobahn A1 zunächst Richtung St. Gallen, dann auf der A4/N4 bis Schaffhausen, der Rheinfall ist kurz vorher ausgeschildert.

Die knapp 1000 Jahre alte Stadt (34 600 Einw.) mit 171 Erkern verdankt ihre Entstehung und frühere Bedeutung als Handelsstadt dem Rheinfall, da hier die auf dem Rhein transportierten Waren für eine kurze Strecke auf Wagen umgeladen werden mussten. Schaffhausen liegt nördlich des Rheins, wo geografisch eigentlich schon Deutschland sein müsste, schloss sich aber nach dem Schwabenkrieg der Eidgenossenschaft an (1501).

Wahrzeichen der Stadt ist der **Munot,** eine im 16. Jh. nach der Festungstheorie Albrecht Dürers erbaute Zirkularfestung (Munotstieg 17, Tel. 052 625 42 25, www.munot.ch; Mai–Sept. tgl. 8–20, Okt.–April 9–17 Uhr).

Im Mittelpunkt des belebten Städtchens befindet sich der brunnengeschmückte **Fronwagplatz.** Hier beginnen die drei schönsten Straßen: nach Westen die kurze Oberstadt zum Obertor (13. Jh.), nach Norden die Vorstadt mit zahlreichen erkergeschmückten Bürgerhäusern und nach Osten die Vordergasse. An ihr liegen rechter Hand das **Rathaus** (15. Jh.) und das **Haus zum Ritter,** dessen *Fassadenmalereien Tobias Stimmer 1570 vollendete. Am Münsterplatz steht das romanische **Münster** (1150), eine flach gedeckte Säulenbasilika mit Querhaus und fünfgeschossigem Glockenturm. In den angrenzenden ehemaligen Abteigebäuden ist das **Museum zu Allerheiligen** eingerichtet, das ausführlich auch die weltliche regionale Geschichte darstellt (Baumgartenstr. 6, Tel. 052 633 07 77, www.allerheiligen.ch; tgl. außer Mo 11–17 Uhr).

Gegenüber dem Regionalmuseum präsentieren die **Hallen für Neue Kunst** in einer ehemaligen Textilfabrik Skulpturen und Installationen (Baumgartenstr. 23,

Tel. 052 625 25 15, www.modern-art.ch, Sa 15–17, So 11–15 Uhr).

Ein absolutes Muss ist natürlich der Besuch von **Europas größtem Wasserfall.** Bei Neuhausen unweit von Schaffhausen stürzt der **Rheinfall** in einer Breite von etwa 150 m über eine 23 m hohe Schwelle aus Jurakalk herab – ein grandioses Schauspiel, vor allem zur Zeit der Schneeschmelze in den Alpen. Sein Alter schätzen Experten auf 16 000 Jahre.

Den besten Überblick hat man vom **Schlösschen Wörth,** wogegen die Aussichtspunkte am linken Ufer näher an die Wassermassen heranführen. Der ausgeschilderte Rheinuferweg führt vom Schlösschen Wörth am Ufer entlang über die 192 m lange Eisenbahnbrücke zum komplett neu renovierten **Schloss Laufen** und über eine südliche Rheinüberquerung wieder zurück.

Echt gut!

Info

Schaffhauserland Tourismus
Herrenacker 15
8201 Schaffhausen
Tel. 052 632 40 20
www.schaffhauserland.ch

Restaurant

Fischerzunft
Rheinquai 8
8200 Schaffhausen
Tel. 052 625 05 05
www.fischerzunft.ch
Die leicht asiatisch angehauchte Gourmetküche von André Jaeger gehört mit 19 Gault-Millau-Punkten zu den besten Restaurants der Schweiz (Mo/Di geschl.). ●●●

Infos von A–Z

Ärztliche Versorgung
In der Regel erfolgt die ambulante Behandlung und Ausgabe von Arzneien gegen Vorleistung, die man sich nach Vorlage der Rechnung von der Krankenkasse rückerstatten lassen kann (außer der Zahnarztrechnung). In öffentlichen Krankenhäusern ist mit einer Zuzahlung zu rechnen. Apotheken sind wie in Frankreich am grün leuchtenden Kreuz erkennbar.

Behinderte
Informationen im Internet über barrierefreien Urlaub mit Links zu entsprechenden Einrichtungen: www.behinderung.org und www.mis-infothek.ch.

Diplomatische Vertretungen
■ **Deutschland:** Willadingweg 83, 3006 Bern, Tel. 031 359 41 11, www.bern.diplo.de, Mo–Fr 9–12 Uhr.
■ **Österreich:** Kirchenfeldstr. 77, 3005 Bern, Tel. 031 356 52 51, www.bmeia.gv.at/bern, Mo–Fr 9–12 Uhr.

Einreise
Für Touristen aus Österreich und Deutschland genügt ein Reisepass, bei einer Aufenthaltsdauer von bis zu drei Monaten auch ein Personalausweis. Für Kinder bis 16 Jahre, die nicht in den Pass der Eltern eingetragen sind, ist ein Kinderausweis erforderlich (ab 10 Jahre mit Passbild). Da die Schweiz nun zum Schengenraum gehört, entfallen Personenkontrollen (Warenkontrollen können jedoch nach wie vor stattfinden!).

Elektrizität
220 Volt Wechselstrom. Die deutschen Schukostecker sind nicht verwendbar (Adapter notwendig), die dünnen zweipoligen Eurostecker hingegen passen.

Feiertage
Gesetzliche Feiertage sind Neujahr, Karfreitag, Ostermontag, Tag der Arbeit (1. Mai), Auffahrt (Christi Himmelfahrt), Pfingstmontag, Nationalfeiertag (1. Aug.) und die beiden Weihnachtstage. Hinzukommen die lokalen Feste Berchtholdstag (2. Jan.), Fasnachtsmontag, Sechseläuten (April > S. 117) und Knabenschießen (Sept. > S. 65).

Geld
Währung ist der Schweizer Franken. 1 CHF (oder Fr.) = 100 Rappen (Rp oder ct). Vielfach werden auch Euro-Scheine akzeptiert, jedoch wird das Wechselgeld in Franken ausgegeben.

Gut zu wissen
■ **Eintrittskarten:** Sowohl **Zürich Tourismus** > S. 140 als auch **Ticketcorner** (Tel. 0900 800 800, www.ticketcorner.ch) verkaufen Eintrittskarten für Veranstaltungen, Ticketcorner auch über alle Poststellen.
■ **Fundbüro:** Werdmühlestr. 10, Tel. 044 412 25 50, Mo–Fr 7.30 bis 18.30 Uhr.
■ **Öffnungszeiten:** Banken und Behörden schließen meist über Mittag, Museen und Sehenswürdigkeiten sind in der Regel Mo geschlossen. Geschäfte > S. 39.
■ **Trinkgeld:** Bedienung ist in der Schweiz grundsätzlich im Preis inbegriffen. Wer zufrieden ist, rundet trotzdem gern um 5–10 % auf.

Die Landeswährung erhält man mit Maestro/ec-Karte und Geheimzahl auch an Geldautomaten (»Bancomat«). Kreditkarten sind weit verbreitet.

Schweizerische und ausländische Zahlungsmittel dürfen in unbeschränkter Höhe ein- und ausgeführt werden.

Wechselkurs (Stand 16.01.2012): 1 € = 1,21 CHF; 1 CHF = 0,83 €

Haustiere
Für Hunde und Katzen wird bei der Einreise in die Schweiz der Nachweis einer Tollwutschutzimpfung verlangt. Diese muss mindestens 30 Tage, darf aber höchstens 1 Jahr zurückliegen.

Information
Zürich Tourismus im Hauptbahnhof ist die erste Anlaufstelle für Auskünfte und Broschüren (Tel. 044 215 40 00, www. zuerich.com, geöffnet tgl. mind. 8.30 bis 18 Uhr, oft auch länger).

Weitergehende Informationen über die Schweiz vermittelt **Schweiz Tourismus:** Tel. 00800 100 200 30 (weltweite Gratisnummer), www.myswitzerland. com. Postadressen der Büros:
■ **Deutschland:** Rossmarkt 23, 60311 Frankfurt/M
■ **Österreich:** Schwindgasse 20, 1040 Wien
■ **Schweiz:** Toedistr. 7, 8027 Zürich

Internet
Zürich verfügt nur über wenige Internetcafés, das Bekannteste ist am Eingang vom Parkhaus Urania zu finden (Uraniastr. 3, www.cafe.ch). In vielen Cafés und Bars kommt man aber per WLAN mit dem eigenen Smartphone, Notebook oder Tablet ins Netz.

Notruf
■ **Erste Hilfe:** Tel. 144 oder 112
■ **Polizei:** Tel. 117
■ **Feuerwehr:** Tel. 118
■ **TCS (Touringclub Schweiz):** Tel. 140

■ **AMTC/ADAC (Notrufstation in Genf):** Tel. 022 417 22 20

Telefon
In der Schweiz sind die Telefonnummern mit Ausnahme von Gratis- und Servicenummern grundsätzlich zehnstellig inklusive führender 0, d.h., die einstige Ortsvorwahl wurde fester Bestandteil der Nummer. Zürcher Nummern beginnen mit 043 und 044. Bei Anrufen aus dem Ausland wird die Null am Anfang jeweils weggelassen.

Internationale Vorwahlen: Deutschland 00 49, Österreich 00 43, Schweiz 00 41.

Verbreitet sind öffentliche Fernsprecher mit Telefonkarte (Taxcard zu 5, 10 oder 20 CHF), erhältlich bei Postämtern, an Bahnhöfen oder Kiosken.

Mit Ihrem Handy (»Natel«) kommen Sie problemlos in eines der drei Mobilfunknetze (Swisscom, Sunrise, Orange).

Zoll
Bei der Einreise in die Schweiz sind pro Person zollfrei: Gegenstände des persönlichen Gebrauchs, Reiseproviant für einen Tag, Geschenke bis 100 CHF sowie 2 l Alkohol unter 15 %, 200 Zigaretten oder 50 Zigarren oder 250 g Tabak.

Bei der Wiedereinreise ins Heimatland sind pro Person (über 17 Jahre) zollfrei: 200 Zigaretten oder 250 g Tabak, 1 l Spirituosen sowie Geschenke bis zu einem Wert von 175 Euro.

Urlaubskasse	
Tasse Kaffee	4,50 CHF
Softdrink	4 CHF
Glas Bier (klein)	5 CHF
Glas Wein	6 CHF
Kugel Eis	1,80 CHF
Taxifahrt (pro km)	3,50 CHF
Mietwagen (pro Tag)	200 CHF

Register

Bildnachweis

2011 ProLitteris, Zürich: U2-Top12-09; Bildagentur Huber/Luca da Ros: 118; Bildagentur Huber/R. Schmid: 26; David Chipperfield Architects: 127; Werner Dieterich: U2-Top12-02, U2-Top12-07, 17, 29, 43, 50; ETH Zürich/Marcel Schmid: 123; Florhof: 22; Fotolia/Gipfelstuermer: 3; Fotolia/HappyAlex: U2-Top12-10; Fotolia/mirubi: 69; Fotolia/see you C. Steps: 131; Stefan Gerber: 119, 129; Gunnar Habitz: U2-Top12-03, U2-Top12-06, 33, 35, 37, 38, 42, 46, 68, 82, 84, 85, 99, 100; iStockphoto/97: 71, 86; iStockphoto/Sergey Borisow: 77; iStockphoto/Combo Design: 115; iStockphoto/Alexander Gatsenko: 54/55; iStockphoto/Tobias Richter: 135; laif/Galli: U2-Top12-04; laif/Heeb: U2-Top12-12, 102; laif/Georg Knoll: U2-Top12-01; laif/hemis.fr/Ludovic Maisant: 30, 126; laif/Keystone Schweiz: 105, 121; laif/Keystone Schweiz/Bally: U2-Top12-08, 49; laif/Keystone Schweiz/Rütschi: 60; LOOK-foto/Ingolf Pompe: 57; LOOK-foto/Quadriga Images: U2-Top12-05, 6/7, 40, 74, 78; mauritius images/Werner Dieterich: 109; Pixelio/Christoph Poc: 45; Schweizerisches Landesmuseum: 90; Sihlcity: 107; The Dolder Resort/Peter Hebeisen: 130; The Dolder Resort/Stefan Schmidlin: 19; The Dolder Resort/Daniel Szelényi: U2-Top12-11, 113; Wikipedia/roland_zh: 97, 137; Zürich Tourismus: 98, 111; Zürich Tourismus/Caroline Minjolle: 11, 93, 132; Zürich Tourismus/Juan Rubiano: 66/67; Zürich Tourismus/Martin Rütschi: 52, 89.

Polyglott im Internet: www.polyglott.de

Impressum

Wir freuen uns, dass Sie sich für einen Reiseführer aus dem Polyglott-Programm entschieden haben. Auch wenn alle Informationen aus zuverlässigen Quellen stammen und sorgfältig geprüft sind, lassen sich Fehler nie ganz ausschließen. Wir bitten um Verständnis, dass der Verlag dafür keine Haftung übernehmen kann. Ihre Hinweise und Anregungen sind uns wichtig und helfen uns, die Reiseführer ständig weiter zu verbessern. Bitte schreiben Sie uns:

GVG TRAVEL MEDIA GmbH, ein Unternehmen der GANSKE VERLAGSGRUPPE Redaktion Polyglott, Harvestehuder Weg 41, 20149 Hamburg, redaktion@polyglott.de

Wir wünschen Ihnen eine gelungene Reise!

Bei Interesse an Anzeigen:
b.biersack@bayerwaldmedia.de, Tel. 09971 / 996 98-0

Herausgeber: GVG TRAVEL MEDIA GmbH
Redaktionsleitung: Grit Müller
Autor: Gunnar Habitz
Redaktion: Martin Waller, Werkstatt München GbR
Bildredaktion: Ulrich Reißer und GVG TRAVEL MEDIA GmbH
Layout: Ute Weber, Geretsried
Titeldesign-Konzept: Studio Schübel Werbeagentur GmbH, München
Karten und Pläne: Theiss Heidolph und Kartografie GVG TRAVEL MEDIA GmbH, Hamburg
Satz: Anja Dengler, Werkstatt München GbR
Druck und Bindung: Stürtz Mediendienstleistungen, Würzburg

© 2012 by GVG TRAVEL MEDIA GmbH, Hamburg
Printed in Germany
Dieses Buch wurde auf chlorfrei gebleichtem Papier gedruckt.
ISBN 978-3-8464-0001-2

Langenscheidt Mini-Dolmetscher Schwyzerdütsch

Das ABC der Schweizer Dialekte:
ein paar Ausdrücke und Redewendungen,
die man verstehen muss – »nüd so eifach«.

Alltags-Wortschatz

Grüezi!	Guten Tag!
Sali!	Guten Tag!
Salü!	
Tschau!	Tschüss!
Adieu! [adiö]	Auf Wiedersehen!
Uf Widerluege!	
Hoi!	Hallo! (Ostschweiz)
Äxgüsi!	Entschuldigung!
Isch wahr?	Ist es wahr, was du soeben erzählt hast? (Ausdruck von Erstaunen)
..., oder?	sagt der Zürcher nach jedem zweiten Satz
..., gället'Sii?	..., nicht wahr?
Billet	Fahrkarte, auch: Führerschein
Perron	Bahnsteig
Car	Reisebus
Tram	Straßenbahn
Töff	Motorrad
Füereruswiis	Führerschein
parkieren	parken
Trottoir [**trott**war]	Gehsteig
es Pötäterli	Feuerzeug
Chrut und Rüebli/Ruebe	Durcheinander
en Chnopf / d'Chnöpf	kleines Kind / die Kinder
Duvet [**düwe**]	Oberbett
Coiffeur [**koafför**]	Friseur
rüdig (guet)	sehr (gut) (in Luzern)
es bitzeli	ein bisschen
amigs	manchmal
Chunsch ändli?	Kommst du endlich?
Lass' sii	Lass es sein.
Hör uf liiere.	Hör auf zu nörgeln.
Nume nid gschprängt.	Nur nichts überstürzen.
Es isch mer gschmuech.	Es ist mir nicht gut.
poschte	einkaufen
öppedie	ab und zu
verchlöpft	erschrocken
dure bi rot	durchgedreht, verrückt
gruusig	ekelhaft
scharmiere	flirten (Wallis)

Essen und Trinken

Da sind die Schweizer ganz groß!
Von den Zürchrn sagt man sogar, dass
Essengehen ihre beliebteste Freizeit-
beschäftigung sei.

E Guete!	Guten Appetit!
Guet gsi!	Es hat geschmeckt!
Zmorge	Frühstück
Znüni	Zwischenmahlzeit (vormittags)
Zmittag	Mittagessen
Zvieri	Zwischenmahlzeit (nachmittags)
Dessert [**des**sär]	Nachtisch
Beiz	Wirtschaft
Spunte	einfachere Gaststätte
Schale	Milchkaffee
es Zweierli	0,2 Liter Wein
es Drüerli	0,3 Liter Wein
Pfiff	Glas Veltliner-Wein
Stange	kleines Bier
Caquelon [**kagglon**]	Fonduetopf
Aelpler-magrone	Gericht aus Kartoffeln, Makkaroni, Käse und Zwiebeln
Anke	Butter
Bölle	Zwiebel
Chabis	Kohl
Chriesi	Kirschen
Chrottepösche (salat)	Löwenzahn(salat)
Fuschtbrot	Brot mit Wurst drauf
Gipfeli	Kipferl
Gomfi	Marmelade (Konfitüre)
Gschwellti	Pellkartoffeln
Güggeli	Brathähnchen
Gumme-lischtunggis	Kartoffelpuffer
Härdöpfel	Kartoffeln
Nüsslisalat	Feldsalat
Nuttedisel	Champagner
Plätzli	Schnitzel
Rande	Rote Rübe
Röschti	das Schweizer National-gericht aus geraspelten gebratenen Kartoffeln
Rüebli	Karotte(n)
Ruchbrot	dunkles Brot
Schoggi	Schokolade
Vermicelles [**wer**misell]	Nachtisch aus pürierten Esskastanien
Weggli	weißes Brötchen
Wii	Wein